Prières Victorieuses

Pasteur Michel Doué

Sauf indication contraire, tous les versets cités sont pris
dans la Version Louis Second, Edition 1910.

Tous droits réservés.

Another Quality Book
Published by the IRIES PUBLISHING

ISBN - 10: 0957531656
ISBN - 13: 978-0957531659
© The Iries Publishing, 2016
© Michel Doué, 2016

This is a Copyrighted Material © July 2016

All rights reserved, no part of this publication may be reproduced,
stored in a retrieval system, or transmitted by any means without
the written permission of the publisher and the author.

Interior and cover designed by

SOMMAIRE

Introduction 4

Chapitre 1 La peur et l'inquiétude 7

Chapitre 2 Le poids et le contrôle du poids 10

Chapitre 3 Les besoins matériels 13

Chapitre 4 La sagesse et la direction 17

Chapitre 5 Le confort et la force 20

Chapitre 6 L'onction du Saint Esprit, l'autorité et la protection 26

Chapitre 7 Les points de contrôle spirituel 33

Chapitre 8 Comment reconnaitre les attaques de l'esprit de sorcellerie 39

Chapitre 9 L'autel et sa puissance 54

Chapitre 10 Prières pour detruire les forteresses spirituelles 60

Chapitre 11 Paroles pour fortifier la foi 66

Chapitre 12 Les promesses bibliques pour la famille chrétienne 73

Chapitre 13 Promesses de guérison 101

Chapitre 14 Les promesses bibliques pour la prosperite 133

INTRODUCTION

« *A*u commencement, Dieu créa les cieux et la terre. La terre était informe et vide : il y avait des ténèbres à la surface de l'abîme, et l'esprit de Dieu se mouvait au-dessus des eaux. Dieu dit : Que la lumière soit ! Et la lumière fut ». (Genèse 1 :1-3)

Cet extrait de la Bible nous instruit que les principes divins de la foi et la confession sont les clefs qui donnent accès au surnaturel.

Dieu a créé le ciel, la terre et tout ce qui s'y trouve par la puissance de sa Parole. Il a exprimé le désir de son cœur par la Parole et cela s'est réalisé. La parole articulée est l'expression de la foi. Confesser la Parole de Dieu, nous permet de nous entendre dire la même chose que Dieu dit de nous et amène à la manifestation sa parfaite volonté pour nos vies.

Dans le verset cité plus haut, le Seigneur nous enseigne le principe de la création et le transfert de l'invisible au visible ou comment amener à l'existence ce qui n'existe pas. L'homme ayant été créé à l'image et à la ressemblance de Dieu (Gen. 1 : 26) est supposé fonctionner comme celui dont il est l'image.

« Au commencement était la Parole, et la Parole était avec Dieu, et la Parole était Dieu. Elle était au commencement avec Dieu. Toutes choses ont été faites par elle, et rien de ce qui a été fait n'a été fait sans elle ». (Jean 1 :1-3).

Tout a été créé par la Parole de Dieu. Et, tout subsiste par elle. C'est pour cela que tout ce qui existe est soumis à l'autorité de la Parole.

Ce livre se veut un manuel de prières pour aider les chrétiens à prendre leur position spirituelle en tant que fils de Dieu, à la droite du père en Christ (Ephésien 2 : 6), pour exercer l'autorité que cette position leur confère et pour jouir de toutes les bénédictions liées à la nouvelle alliance.

Quand nous faisons usage de la Parole de Dieu dans la prière, nous nous accordons avec Dieu et nous admettons ainsi que sa Parole est la vérité.

C'est par la confession que nous entrons en possession de ce que Dieu nous a déjà donné au travers de ses promesses. Puisque nous avons été sauvés par la confession, c'est aussi par elle que nous entrons en possession de tout ce que le paquet du salut nous offre. *« Car c'est en croyant du cœur qu'on parvient à la justice, et c'est en confessant de la bouche qu'on parvient au salut... »* (Romain 10 :10).

Que l'homme l'accepte ou non, il est le produit de la Parole, soit celle venant de Dieu notre créateur, soit celle des hommes.

Dès que nous naissons, la parole entame automatiquement son effet sur le cours de notre vie, soit par l'éducation familiale ou scolaire et académique, soit par l'apprentissage des langues, notre vie sociale ou professionnelle. Par elle, nous communiquons, nous bénissons et même maudissons parfois. La parole peut apporter la paix ou la guerre, l'amour ou la haine, elle peut consoler ou affliger. Sa maîtrise et son bon usage procurent la sagesse et le bonheur.

La Parole était au commencement. Et, elle sera à la fin. Parce qu'elle est le commencement et la fin. La Parole est Dieu et Dieu est la Parole et l'homme est l'image de Dieu, donc de la Parole et ne peut subsister que par elle.

Si nous demeurons dans la Parole de Dieu et qu'elle

demeure en nous par sa lecture, son étude, sa méditation et sa mise en pratique, rien ne nous sera impossible.

La proclamation des promesses de Dieu contenues dans la Bible, nous permet de lever le bouclier de la foi avec lequel nous éteignons les traits enflammés de l'ennemi. La proclamation de la Parole de Dieu bâtit une haie de protection, de prospérité et de santé autour de nos vies, nos familles et nos assemblées.

Alors : « *Que ce livre de la loi ne s'éloigne point de ta bouche ; médite-le jour et nuit, pour agir fidèlement selon tout ce qui y est écrit ; car, c'est alors que tu auras du succès dans tes entreprises, c'est alors que tu réussiras* ». *(Josué 1 :8).*

Pasteur Michel Doué

Chapitre 1
LA PEUR ET L'INQUIETUDE

Nous vivons des temps où les gens sont liés par la peur, plus que par autre chose.

La peur se manifeste de plusieurs façons dans la vie des hommes : la peur de l'insécurité ; la peur de l'échec ; la peur du rejet ; la peur de la maladie ; la peur de la mort ; la peur des hommes, etc.

Dieu ne veut pas que ses enfants soient contrôlés par l'esprit de peur. Car, la peur est contraire à la nature de l'enfant de Dieu qui est supposé marcher par la foi.

La peur est le contraire de la foi. En fait la peur comme le dit la parole est un piège :

La crainte des hommes tend un piège. Mais, celui qui se confie en l'Eternel est protégé. (Prov.29 :25).

Ce que je crains, c'est ce qui m'arrive ; Ce que je redoute, c'est ce qui m'atteint. Je n'ai ni tranquillité, ni paix, ni repos. Et le trouble s'est emparé de moi. (Job 3 :25 - 26).

La peur est la preuve d'un manque de confiance en Dieu. Elle nous fait oublier la puissance de Dieu qui est disponible pour nous délivrer. Elle nous fait douter de son amour et de sa provision.

Comme la peur, l'inquiétude est un sentiment de menace et de danger imminent. L'inquiétude paralyse la foi et détruit la parole qui a été semée. L'inquiétude programme notre pensée à échouer. Elle remplit notre pensée de doute et d'incrédulité.

Le Seigneur nous a mis en garde par rapport à l'inquiétude.

D'autres reçoivent la semence parmi les épines ; ce sont ceux qui entendent la parole, mais en qui les soucis du siècle, la séduction des richesses et l'invasion des autres convoitises, étouffent la parole, et la rendent infructueuse. (Marc 4 :18).

Nous devons et nous avons la responsabilité de combattre ces sentiments négatifs que l'ennemi utilise constamment pour nous priver de nos bénédictions. Et, nous devons le faire par la puissance immuable de la Parole de Dieu, confessée avec foi et détermination.

Je fais cette confession concernant l'inquiétude et la peur.

Références Bibliques :
1Cor.12 :27 ; Rom.12 :21 ; 1 Jean4:4 ; Ps.23 :4 ; Es.54:14 ; Es.54 :17 ; P1 :3 ; Ps.91 :10-11 ; Pr.12:28 ; Ja.1:22 ; Eph.6 :16 ; Gal.3:13; Rom.8:11; Gen.1:30; Matt.16:19; Apo.12:11; Ja.4:7; Ps119:89; Es.54:13.

▸ Je suis membre du corps de Christ et Satan n'a aucun pouvoir sur moi, car je triomphe du mal par le bien.

▸ Je suis de Dieu et j'ai vaincu Satan ; celui qui est en moi est plus grand que celui qui est dans le monde.

▸ Je ne craindrai aucun mal, parce que l'Eternel mon Dieu est avec moi.

▸ Seigneur ta parole et ton esprit me réconfortent.

▸ Je suis loin de l'oppression et la peur ne s'approchera pas de moi.

▸ Toute arme forgée contre moi sera sans effet ; ma justice vient du Seigneur.

▸ Tout ce que j'entreprends prospère. Je suis comme un arbre planté près d'un courant d'eau et qui donne son fruit en sa saison.

▸ Je suis délivré de tout mal dans ce siècle présent, c'est la volonté de Dieu en ce qui me concerne.

▸ Aucun malheur ne m'arrivera, aucun fléau n'approchera de ma demeure.

▸ Le Seigneur a ordonné à ses anges de me garder dans toutes mes voies.

- Sur mon chemin il n'y a que la vie avec abondance.
- Je mets la parole de Dieu en pratique dans ma vie et je prospère dans mes entreprises et dans mes œuvres.
- Je me réjouis de toutes mes œuvres parce que je mets la parole de Dieu en pratique.
- Je prends le bouclier de la foi avec lequel j'éteins tous les traits enflammés du malin qui sont envoyés contre moi.
- Christ m'a racheté de la malédiction de la loi. Aussi j'interdis toutes maladies ou infirmités dans mon corps.
- Toutes maladies, tous germes, tous virus qui touchent mon corps meurent instantanément au nom de Jésus.
- Tous les organes, tous les tissus de mon corps fonctionnent à la perfection comme Dieu les a créés.
- Et j'interdis toute mauvaise fonction dans mon corps, au Nom de Jésus.
- Je suis un vainqueur et j'ai vaincu, à cause du sang de l'agneau et de la parole de mon témoignage.
- Je suis soumis à Dieu et le diable fuit loin de moi, parce que je lui résiste au Nom de Jésus.
- La parole de Dieu est à jamais établie dans les cieux, aussi j'établis sa parole sur la terre.
- Grande est la prospérité de mes enfants, parce qu'ils sont disciples de l'Eternel. Ils sont protégés, ils sont en bonne santé et ils prospèrent à tous égards, ils sont oints, entiers, rien ne manque, rien de cassé, tout leur être est en parfait état : esprit, âme et corps.

LOUANGE !

Chapitre 2
LE POIDS ET LE CONTRÔLE DU POIDS

Mais, je traite durement mon corps et je le tiens assujetti, de peur d'être moi-même rejeté, après avoir prêché aux autres. (1 Corinthiens 9 :27).

Les excès de nourriture sont classés parmi les œuvres de la chair, selon Gal.5 :21.

Les excès de nourriture sont à la base de plusieurs problèmes de santé dans la vie des enfants de Dieu.

L'homme est esprit. Il a une âme et il vit dans un corps. Le corps est le temple du Saint Esprit dans lequel nous servons Dieu. Nous devons donc tout mettre en œuvre pour que ce temple soit en bon état, afin de mieux servir Dieu. La piété doit nous encourager à prendre soin de notre corps par une bonne alimentation et des exercices physiques comme de bons athlètes si nous voulons pleinement accomplir la volonté de Dieu, ici bas.

L'obésité est un grave problème de santé publique de nos jours, parce que les gens mangent davantage, du moins beaucoup plus qu'avant. L'explication la plus simple est que les gens deviennent obèses parce qu'ils mangent plus ou qu'ils font moins d'exercice, ou les deux choses à la fois. Il y a beaucoup plus de données qui montrent une augmentation de l'apport alimentaire que de données qui montrent une baisse de la pratique d'une activité physique. De ce fait, il est de la responsabilité de chacun de faire en sorte que toutes formes d'excès soient contrôlées au mieux.

Concernant **le poids et le contrôle du poids**, voici quelques références bibliques : Matt. 4: 4 ; 1Cor. 9: 27 ; Rom. 8:12-14 ; 1Tim 4:8

- Je ne désire pas trop manger au point de prendre du poids à l'excès.
- Je présente mon corps à Dieu. Mon corps est le temple du Saint-Esprit qui demeure en moi.
- Je ne m'appartiens point à moi-même, car j'ai été racheté à un grand prix, et je dois glorifier Dieu dans mon corps qui Lui appartient.
- Aussi je refuse de manger à l'excès, au Nom de Jésus.
- Mon corps, sois conforme à la volonté de Dieu au Nom de Jésus. Conforme-toi à la parole de Dieu pour mon bienêtre.
- Je suis modifié. Je mets à mort tous les désirs de mon corps et je leur commande de s'aligner sur la parole de Dieu, maintenant, au Nom de Jésus.
- Je suis esprit, j'ai une âme et je vis dans un corps.
- Je traite durement ma chair et je la maintiens assujettie à la volonté du Saint Esprit de Dieu qui vit en moi.
- Je suis discipliné et sélectif dans mon alimentation.
- Je ne mangerai rien qui puisse porter atteinte á ma santé.
- J'évite de faire excès de la consommation de l'huile, du sel et du sucre, car cela est nocif pour ma santé.
- Mon alimentation est équilibrée.
- Je soumets mon corps à des exercices physiques réguliers pour mon bien-être.
- Je manifeste la vie de Dieu dans mon corps. Je suis vigoureux et pétillant de force
- Toutes les cellules, tous les tissus et tous les organes de mon corps sont immergés dans le sang de Jésus.
- La lumière de la gloire de Dieu brille dans mon âme et dans mon corps, pour me restaurer.
- J'ai la victoire sur la chair et ses désirs parce que je

marche selon l'Esprit.

- Je ne suis pas redevable à la chair pour vivre selon la chair.

- Mais, par la puissance du Saint Esprit qui agit en moi, je mets à mort tous les désirs pernicieux de la chair.

Chapitre 3
LES BESOINS MATERIELS

*D*ieu est notre Père. Et, Dieu ne veut pas que nous ayons les yeux fixés sur nos ressources limitées pour pourvoir à nos besoins, ou que nous nous fassions des soucis pour la provision à nos besoins. Dieu ne veut pas que nous mettions notre foi dans nos revenus mensuels ou hebdomadaires, nos économies, nos actions ou autres investissements.

Dieu est notre source de provision et nous devons nous tourner vers lui avec foi et espérance. Nous devons mettre en lui toute notre confiance pour une intervention surnaturelle, qui pourvoira à tous nos besoins, bien au-delà de ce que nous pouvons penser ou demander. En d'autres termes, quoi que nous fassions, nous devons compter sur le Seigneur pour nous faire prospérer.

Dieu veut que nous apprenions à dépendre de lui, en toutes occasions et pour toutes choses. Il veut que nous le considérions comme notre unique source de provision ; parce que, quoique nous possédions, cela vient de lui. Quand nous faisons face à des crises financière nous devons faire application d'une foi totale et inconditionnelle en Dieu et nous rappeler qu'Il est notre source.

La provision à nos besoins matériels est un devoir auquel Dieu ne va jamais faillir, parce qu'Il est notre Père et à cause de son alliance.

Souviens toi de l'Eternel, ton Dieu ; car, c'est Lui qui te donnera de la force pour les acquérir (ces richesses), afin de confirmer, comme il l'a fait aujourd'hui, son alliance qu'Il a jurée à tes pères. (Deutéronome 8 :18).

Pour mes besoins matériels, je crois et je confesse :

Concernant les besoins matériels, voici les références bibliques : Gal.3 :13 ; Deut.28 :1-14 ; 2Cor.8 :9 ; Jean 10 :10 ; Jean 5 :24 ; Ps.119:25 ; Ps.37:4 ; Luc6:38 ; 2Cor.9:6-8 ; Phil.4:19 ; Ps.23:1 ; 2Cor.8:9 ; John10:10 ; Rom.5:17 ; Ps.35:27 ; Gal.3:14.

- Christ m'a racheté de la malédiction de la loi.
- Christ m'a racheté de la pauvreté.
- Christ m'a racheté de la maladie.
- Christ m'a racheté de la mort spirituelle.
- Il m'a donné la richesse au lieu de la pauvreté.
- L'argent, viens à moi maintenant.
- L'Eternel mon Dieu a ordonné à la bénédiction d'être avec moi dans tous mes comptes bancaires et toutes mes entreprises.
- Toutes mes oeuvres réussissent.
- Je suis hors de la dette. Tous mes besoins sont pourvus.
- Je prête et je n'emprunte point.
- Je suis une source intarissable de bénédiction.
- Je suis prospère. Je suis riche à cause de l'œuvre de Jésus à la croix en ma faveur.
- Dieu me comble de toutes ses grâces et je possède toujours, en toutes choses, de quoi satisfaire tous mes besoins, et j'en ai en abondance pour les bonnes œuvres pour l'avancement du royaume de Dieu.

- Je possède la richesse, au Nom de Jésus!
- Mon argent, viens à moi, maintenant, au Nom de Jésus.
- Je commande une totale restitution de tout ce que l'ennemi m'a volé, sept fois plus.
- J'ai la promotion maintenant.
- J'ai une augmentation de mes biens, maintenant, au Nom de Jésus!
- Je suis guéri par les meurtrissures de Jésus.
- Le sang de Jésus protège ma vie, contre la maladie et l'infirmité et contre toute attaque du malin.
- Je ne mourrai point, je vivrai.
- L'Eternel me rassasie de longs jours et Il me fait voir son salut.
- Je crois en Dieu, pour la délivrance, la préservation, la protection et le salut.
- Il m'a donné la vie éternelle au lieu de la mort.
- J'ai la vie éternelle avec Dieu.
- Je suis la justice de Dieu en Jésus-Christ et je suis oint pour vivre une longue vie prospère, abondante et heureuse.
- Cela est vrai pour moi selon la parole de Dieu.
- Je fais de l'Eternel mes délices et il me donne ce que mon cœur désire.
- Je suis totalement hors de la dette, au Nom de Jésus.
- Tous mes besoins sont pourvus, maintenant, au Nom de Jésus.
- J'ai donné et il m'est donné, en retour, une bonne

mesure serrée, secouée et qui déborde.

▶ Je sème abondamment, aussi je récolte abondamment.

▶ Il n'y a point de manque dans ma vie. Je ne manque de rien ; car mon Dieu pourvoit à tous mes besoins, selon Sa richesse, avec gloire, en Jésus-Christ.

▶ L'Eternel est mon berger et il me donne la vie avec abondance, parce que, de riche qu'Il était, Jésus est devenu pauvre, afin que de sa pauvreté je sois enrichi.

▶ Je possède toutes choses pleinement en Jésus.

▶ Jésus-Christ, mon Seigneur et Sauveur, a donné sa vie, afin que, en retour, moi j'ai la vie avec abondance.

▶ Et, ayant reçu l'abondance de la grâce et le don de la justice, je règne dans la vie, par Jésus-Christ, le oint de Dieu, et par son onction.

▶ L'Eternel prend plaisir à la prospérité de ses serviteurs, et les bénédictions d'Abraham sont miennes, en JésusChrist.

▶ Seigneur, je crois en ta divine parole et tes promesses liées à la nouvelle alliance, s'accomplissent, maintenant, pour moi, en Jésus-Christ.

▶ Je suis un racheté de Dieu et je possède ce que je confesse.

Chapitre 4
LA SAGESSE ET LA DIRECTION

C'est par la sagesse que l'Eternel a fondé la terre, C'est par l'intelligence qu'il a affermi les cieux. (Prov.3:19).

Confie-toi en l'Eternel de tout ton cœur, Et ne t'appuie pas sur ta sagesse. (Proverbes 3:5).

Le dictionnaire Robert définit la sagesse comme étant une prudence éclairée.

Et, la Bible dit que la sagesse est la chose principale. Elle est la première des créations de Dieu, à partir de laquelle toute autre chose a été créée.

La sagesse, pour le croyant, est la recherche continue de la volonté de Dieu, en toute chose. Elle s'obtient par la connaissance et la mise en pratique de la Parole de Dieu et par la direction du Saint Esprit. La preuve de la sagesse, dans la vie d'un enfant de Dieu, réside dans sa capacité á se laisser guider par le Saint Esprit. Toutes nos actions doivent être dirigées par le Saint Esprit, si nous voulons vivre heureux et être victorieux.

Le Seigneur Jésus veut nous conduire à chaque niveau de notre développement spirituel. Jésus veut nous conduire, en toute sécurité, dans la provision, la santé, et dans tous les aspects du plan de Dieu pour nos vies. Aussi, il est important et même vital, pour nous, de nous soumettre entièrement à l'autorité de sa Parole et à la voix du Saint Esprit, afin de nous conduire dans la parfaite volonté Dieu.

Car, tous ceux qui sont conduits par l'Esprit de Dieu sont fils de Dieu. (Rom. 8 :14).

Pour **la sagesse et la direction**, je crois et je confesse que :

Références Bibliques : Jean16 :13 ; Jacq.1 :5 ; Prov.3 :5-6 ; Ps.119 :105 ; Ps.138 :8 ; Col.3 :16 ; Jean10 :4-5 ; 1Cor.1:30 ; 2Cor.5:21 ; Col.1:9 ; 2Cor.5:17 ; Eph. 2:10 ; 1Cor.2:16 ; Col.3:10 ; Eph.1:17-18 ; Rom.12:2.

- L'esprit de vérité demeure en moi, il m'enseigne toute chose, et il me conduit dans toute la vérité.

- Aussi je confesse que je possède toute la connaissance et la sagesse nécessaire pour faire face à toutes les situations auxquelles je pourrai être confronté.

- Je possède la sagesse de Dieu maintenant.

- Je me confie en l'Eternel de tout mon cœur et je ne m'appuie pas sur ma propre sagesse.

- Je le reconnais dans toutes mes voies et Il aplanit mes sentiers.

- Le Seigneur amènera à la perfection tout ce qui me concerne.

- Je laisserai la Parole de Christ demeurer en moi, en toute sagesse, avec abondance.

- Christ est le bon berger, je connais sa voix et je ne suivrai jamais la voix de l'étranger.

- Jésus a été fait pour moi : Sagesse, Justice, Sanctification et Rédemption.

- Aussi je confesse que j'ai la Sagesse de Dieu, et je suis la Justice de Dieu en Jésus-Christ, l'oint de Dieu.

- Je suis rempli de la connaissance de la Volonté de Dieu, en toute sagesse et entendement spirituels.

- Je suis une nouvelle Créature en Christ.
- Je suis l'ouvrage de Dieu.
- Aussi j'ai la Pensée de Christ.
- Et la sagesse de Dieu se trouve en moi.
- Je suis racheté de l'Eternel, ce que je dis s'accomplit.
- Les anges de Dieu vont partout maintenant sous la poussée du Saint Esprit et ils amènent à l'accomplissement toutes les paroles tirées de la Parole de Dieu que je confesse de ma bouche.

LOUANGES !

- J'enlève le vieil homme et je me revêts du nouvel homme qui a été renouvelé dans la connaissance, et selon l'image et la ressemblance de celui qui m'a créé.
- J'ai reçu l'Esprit de sagesse et la révélation dans la connaissance de Dieu.
- Les yeux de mon entendement sont éclairés.
- Je ne me conforme pas au siècle présent, mais je suis transformé par le renouvellement de mon intelligence.
- Mon intelligence est renouvelée par la parole de Dieu.

ADORATION !

Chapitre 5
LE CONFORT ET LA FORCE

*D*ieu, comme tout bon père, veut le meilleur pour ses enfants que nous sommes. Sa parole dit :

Les cieux sont les cieux de l'Eternel. Mais, il a donné la terre aux fils de l'homme. (Psaumes 115:16).

Dieu, notre père céleste, a créé la terre avec tout ce qu'elle renferme pour notre bénéfice. Si, nous les hommes, méchants que nous sommes, nous savons donner de bonnes choses à nos enfants quand ils nous demandent, comment Dieu qui, pour nous, a sacrifié son fils, peut-il nous refuser quoi que ce soit ? :

Lui, qui n'a point épargné son propre Fils, mais qui l'a livré pour nous tous, comment ne nous donnera-t-il pas aussi toutes choses avec lui ? (Romains 8 : 32).

Concernant mon **Confort et ma Force** je crois et je confesse:

Références bibliques : Col.1 :10-13 ; 1Jean4 :4 ; 1Jean5 :4-5 ; Phil.4 :13 ; Neh.8 :10 ; Ps.27 :1 ; Phil.4 :7-8 ; Eph.4 :15 ; Eph.4 :29-30 ; Jean10 :29 ; Col.3 :15 ; Pr.4 :21-22 ; 2Cor.6 :16 ; Jean10 :10 ; 2Pier.1 :3-4 ; Rom.8 :31 ; Mar.16 :17-18 ; Matt.18 :18 ; Eph.6 :12 ; Col.2 :10 ; Eph.2 :10.

- Je grandis dans la connaissance de Dieu.
- Je suis fortifié par sa toute puissance glorieuse.
- Je suis délivré de la puissance des ténèbres et transporté dans le royaume de son fils bien-aimé.

- Je suis né de Dieu et j'ai la foi qui a vaincu le monde résidant en moi. Car, celui qui est en moi est plus fort que celui qui est dans le monde.
- Je peux faire toute chose par Christ qui me fortifie.
- La joie de l'Eternel est ma force.
- Le Seigneur est la force de ma vie.
- La paix de Dieu, le Shalom de Dieu qui surpasse tout entendement garde mon cœur et mes pensées en Christ Jésus.
- Tout ce qui est vrai, honorable, juste, pur, aimable, qui mérite l'approbation, et ce qui est vertueux et digne de louange est l'objet de mes pensées.
- Je ne laisserai aucune parole corrompue sortir de ma bouche, mais ce qui contribue à l'édification et qui communique la grâce à celui qui l'entend.
- Je n'attristerai pas le Saint Esprit par lequel j'ai été scellé pour le jour de la rédemption.
- Je déclare la vérité de la parole de Dieu dans l'amour, et je grandis, en toute chose, en Jésus-Christ mon Seigneur.
- Nul ne peut m'arracher de ses mains, parce que Dieu le Père qui m'a donné au Seigneur Jésus pour être sa brebis, est plus grand que tous, et nul ne peut m'arracher des mains de Dieu, mon père céleste.
- J'ai une vie abondante et éternelle, maintenant, en Jésus-Christ.
- Je laisse la paix de Dieu régner dans mon cœur et je ne m'inquiète de rien.
- Je décharge tous mes fardeaux sur Dieu, car il prend soin de moi.
- Inquiétude, anxiété, sortez de ma vie au Nom de Jésus!
- Je ne laisserai pas la parole de Dieu s'éloigner de

mes yeux, car elle est ma lumière. Elle est la vie et la santé pour mon corps.

- Dieu est pour moi, Dieu réside en moi maintenant même, qui peut être contre moi ? Il m'a donné toutes choses pleinement.
- Aussi, je suis participant à sa manne divine.
- Je suis un croyant et je n'ai aucun doute.
- Je suis un croyant et les signes m'accompagnent.
- Au Nom de Jésus je chasse les démons.
- Je parle de nouvelles langues.
- J'impose les mains aux malades et ils guérissent.
- Je suis oint de Dieu. Jésus m'a donné l'autorité d'utiliser son Nom et tout ce que je lie sur terre est lié dans le ciel.
- Satan, tes démons et tous tes agents, je vous lie au Nom de Jésus.
- Je lie les dominations, les autorités, les princes de ce monde des ténèbres et les esprits méchants dans les lieux célestes.
- Je les rends sans puissance et ineffectifs, contre moi, au Nom de Jésus.
- Je relâche les anges de Dieu. Partez maintenant et ramenez ma moisson!
- Anges de Dieu, partez maintenant et ramenez mon élévation!
- Je marche dans la faveur de Dieu et la consolation du Saint Esprit.
- La faveur vient à moi : la promotion, le succès, la réussite, la prospérité, la santé et la grâce de Dieu s'établissent dans ma vie et dans toutes mes entreprises.
- Les anges de Dieu sont à l'œuvre, poussés par la

parole de Dieu que je confesse avec foi, sous la puissance du Saint Esprit de Dieu pour amener à l'existence toutes mes bénédictions.

- Je suis complet et accompli en Jésus qui est la tête de toute domination et toute autorité.

- Je suis son ouvrage ayant été créé par Jésus-Christ pour de bonnes œuvres que Dieu a préparées d'avance, afin que je les pratique.

- Mon assemblée[1] opère dans la puissance du Saint Esprit.

- Tous les membres fidèles de mon assemblée expérimentent la grâce et la faveur de Dieu.

- Tous les membres, hommes, femmes, jeunes, enfants, vieux, bébés à la mamelle, tous prospèrent à tous égards et sont en bonne santé comme l'état de leurs âmes prospère.

- Le pouvoir de la dette est brisé et tous les membres du bancaires pour les besoins de l'œuvre de Dieu, au Nom de Jésus.

- Je commande un transfert des richesses des méchants dans mon assemblée. Que tous les membres de mon église soient sans dette et qu'ils s'enrichissent fortement, au Nom de Jésus.

- Que les oppressés, les malades, les dépressifs viennent et qu'ils soient guéris et délivrés, au Nom de Jésus.

- Je commande l'abondance matérielle et financière dans ma vie. Des milliers, des millions, et des milliards coulent dans ma vie et remplissent mes comptes bancaires et ceux mon église, au Nom de Jésus.

- Je réclame des millions de partenaires à travers le monde pour mon ministère.

---

[1] Comme par exemple : Le Ministère de la Parole de Foi.

- Dieu nous donne la faveur, aux yeux des autorités, des gouvernements et des nations.
- Des portes s'ouvrent à travers le monde pour la prédication de l'évangile de Jésus-Christ.
- L'Eternel élargit les tentes de mon église.
- Tous les budgets, pour tous les projets de mon église sont pourvus, de façon surnaturelle, au Nom de Jésus.
- Au Nom de Jésus, je déclare onction, abondance, dans ma vie à compter de ce jour.
- Rien ne manque dans ma vie. Tout est à moi, je suis à Christ, et Christ est à Dieu.
- Je me réjouis en l'Eternel mon Dieu qui m'a béni de toutes sortes de bénédictions spirituelles en Jésus-Christ.
- Maladie, infirmité, mort, échec, insuccès, non accomplissement, sortez de mon église et de la vie de tous les fidèles.
- Pauvreté, sors au Nom de Jésus.
- Querelles, disputes, divisions, murmures, mensonges, sorcellerie, votre pouvoir est brisé. Sortez, au Nom de Jésus.
- Que tous les services de mon église soient remplis d'âmes, quel que soit le nombre des cultes, que toutes les branches du ministère croissent et débordent d'âmes.
- Je commande que des milliers et des milliers d'âmes arrivent maintenant dans notre assemblée, attirées par le Saint Esprit de Dieu, du Nord, du Sud, de l'Est, de l'Ouest et du Centre.
- Seigneur, envoie tes Anges pour les amener maintenant.
- Des hommes et des femmes purs de cœur, diligents,

zélés pour Dieu, engagés, consacrés, sanctifiés, remplis de l'Esprit Saint, oints, en feu, chasseurs de démons, remplis de la parole de Dieu et de l'amour de Dieu, exerçant la libéralité, attachés à la vision de l'église (ou du ministère) et soumis aux autorités, humbles et doux de cœur, gagneurs d'âmes, guérissant les malades et marchant dans l'amour et la vérité.

Chapitre 6
L'ONCTION DU SAINT ESPRIT, L'AUTORITE ET LA PROTECTION

*L*e Seigneur, en nous donnant son Saint Esprit, nous a aussi nantis de son pouvoir, de sa puissance et de son autorité. Et, nous devons posséder et activer par la foi la présence de l'Esprit de Dieu, en nous, par notre communion quotidienne avec Lui par la prière, la lecture, l'étude et la méditation de la Parole de Dieu et également par la confession de sa Parole. La Parole de Dieu est l'épée de l'esprit et sa confession, ou sa proclamation fortifie notre foi et nous protège des attaques du malin.

Pour **l'onction, l'autorité et la protection**, je fais cette confession.

Références Bibliques : Es.61 :1-3 ; Es.59 :21 ; Ps.68 :29 ; Ps.91 ; Ps.121 :3-8 ; Prov.3 :24-26 ; Ps.1 :1-4 ; Eph.1.

L'esprit du Seigneur, l'Eternel, est sur moi. Car, l'Eternel m'a oint pour porter de bonnes nouvelles aux malheureux.

L'Eternel m'a envoyé pour guérir ceux qui ont le cœur brisé, pour proclamer aux captifs la liberté, et aux prisonniers la délivrance. Pour publier une année de grâce de l'Eternel, Et un jour de vengeance de notre Dieu. Pour consoler tous les affligés. Pour accorder des bienfaits aux affligés de Sion. Pour leur donner un diadème au lieu de la cendre, une huile de joie au lieu du deuil, un vêtement de louange au lieu d'un esprit abattu, afin qu'on les appelle des térébinthes de la justice, une plantation de l'Eternel, pour servir à sa gloire.

L'onction sur ma vie réprime toute personne avec des plans diaboliques.

Que ton onction coule pure et fluide dans ma vie, Seigneur.

L'onction qui est sur ma vie pour cette saison, mission, mandat, et desseins de Dieu attire uniquement ceux qui ont été divinement appointés.

Seigneur, envoie sur ma vie les onctions suivantes :
- L'onction de Salomon pour la gestion des ressources, la sagesse, la richesse, le succès, et la prospérité.
- L'onction d'Isaac pour l'investissement et les stratégies.
- L'onction de Cyrus pour l'éducation financière.
- L'onction de Samuel pour la sensibilité et l'obéissance á la voix de Dieu.
- L'onction d'Esther pour la faveur divine et les stratégies du royaume.
- L'onction de Daniel pour la gouvernance, l'excellence et l'intégrité.
- L'onction de Joseph pour les stratégies de leadership politique, économiques et des affaires.
- L'onction de Josué pour les stratégies de prospérité dans le combat et le succès.
- L'onction d'Abraham pour découvrir de nouveaux territoires, acquérir des propriétés immobilières et des bénédictions d'alliance intergénérationnelle.
- L'onction de Moïse pour le leadership et l'innovation.
- L'onction de Néhémie pour rénover et restaurer.
- L'onction d'Esdras pour une authentique adoration du seul vrai Dieu.
- L'onction de Déborah pour l'équilibre.
- L'onction de David pour la louange et l'adoration.
- L'onction de Paul pour une révélation apostolique tranchante.
- L'onction d'Elie pour une exactitude prophétique et

une profondeur dans la révélation.

- L'onction d'Elisée pour le service, la succession ministérielle, et une double portion du pouvoir et de l'autorité juridictionnelle.
- L'onction d'Issacar pour le discernement correct des temps et des saisons.
- L'onction d'Abigail pour l'hospitalité et la prudence.
- L'onction d'Anne pour l'intercession
- L'onction de Christ pour la prière prophétique, le combat spirituel, les signes, les miracles, les prodiges et une vie conduite par les desseins de Dieu.
- L'onction d'Ozias pour l'avancement technologique.
- L'onction du disciple pour apprendre.
- L'onction Jaebets pour la croissance territoriale et intellectuelle.
- L'onction d'Adam et Eve pour la fécondité et la domination.

Seigneur, cause l'onction prophétique et apostolique à converger, exploser et être manifeste dans ma vie avec exactitude, authenticité, clarté, et élégance.

Fais-moi, dès le matin, entendre ta bonté ! Car je me confie en toi. Fais-moi connaître le chemin où je dois marcher ! Car j'élève à toi mon âme.

Ô Eternel ! Délivre-moi de mes ennemis. Ô Eternel ! Auprès de toi je cherche un refuge.

Ô Eternel ! Enseigne-moi à faire ta volonté ! Car tu es mon Dieu. Que ton bon Esprit me conduise sur la voie droite ! (Psaume 143 :8-10).

Ô Eternel ! Synchronise ma vie avec ta parfaite volonté, ton agenda et ton calendrier.

Ô Eternel ! Surimpose ta volonté à la volonté des esprits mauvais et des méchants.

Ô Eternel ! Donne-moi la grâce de te servir dans la sainteté et la justice.

Ô Eternel ! Accorde-moi l'asile et l'immunité diplomatique du royaume des cieux contre les forces du mal qui veulent emprisonner ma vie.

Seigneur ma vie est entre tes mains, délivre-moi des forces du mal.

Voici mon alliance avec l'Eternel : Son Esprit, qui repose sur moi, et ses paroles, qu'Il a mises dans ma bouche, ne se retireront point de ma bouche, ni de la bouche de mes enfants, ni de la bouche des enfants de mes enfants, dit l'Eternel, dès maintenant et à jamais.

L'Eternel mon Dieu a ordonné que je sois puissant.

Je demeure sous l'abri du Très-Haut et je repose à l'ombre du Tout-puissant.

Je dis à l'Eternel : Mon refuge et ma forteresse, Mon Dieu en qui je me confie!

Car c'est lui qui me délivre du filet de l'oiseleur, De la peste et de ses ravages.

Il me couvre de ses plumes, et je trouve un refuge sous ses ailes. Sa fidélité est pour moi un bouclier et une cuirasse.

Je ne crains ni les terreurs de la nuit, ni la flèche qui vole de jour ;

Ni la peste qui marche dans les ténèbres, ni la contagion qui frappe en plein midi.

Que mille tombent à mon côté, et dix mille à ma droite, je ne serai pas atteint;

De mes yeux seulement je regarderai, et je verrai la rétribution des méchants.

Car tu es mon refuge, ô Eternel! Je fais du Très-Haut ma retraite.

Aucun malheur ne m'arrivera, aucun fléau n'approchera de ma tente.

Car l'Eternel a ordonné à ses Anges de me garder dans

toutes mes voies ;

Ils me portent sur les mains, de peur que mon pied ne heurte contre une pierre.

Je marche sur le lion et sur l'aspic, Je foule le lionceau et le dragon.

Puisque je l'aime, l'Eternel me délivre ; Il me protège, puisque je connais son nom.

Quand je l'invoque, il me répond ; Il est avec moi dans la détresse, Il me délivre et je le glorifie.

Il me rassasie de longs jours et me fait voir son salut.

L'Eternel mon Dieu ne permettra pas que mon pied chancelle; Celui qui me garde ne sommeille point.

Voici, il ne sommeille ni ne dort, Celui qui me garde.

L'Eternel est celui qui me garde, L'Eternel est mon ombre à ma main droite.

Pendant le jour le soleil ne me frappe point, Ni la lune pendant la nuit.

L'Eternel me garde de tout mal, Il garde mon âme;

L'Eternel garde mon départ et mon arrivée, dès maintenant et à jamais.

Quand je suis couché je suis sans crainte. Et quand je suis couché mon sommeil est doux.

Je ne redoute ni une terreur soudaine, ni une attaque de la part des méchants.

Car l'Eternel est mon assurance et Il préserve mon pied de toute embûche.

Je suis heureux car je ne marche pas selon le conseil des méchants,

Je ne m'arrête pas sur la voie des pécheurs, Et je ne m'assois pas en compagnie des moqueurs,

Mais je trouve mon plaisir dans la loi de l'Eternel, Et je la médite jour et nuit !

Aussi je suis comme un arbre planté près d'un courant d'eau,

et je donne mon fruit en ma saison,
Mon feuillage ne se flétrit point : Tout ce que je fais me réussit.
Il n'en est pas ainsi des méchants qui viennent contre moi ; Ils sont comme la paille que le vent dissipe.

Je suis béni de toutes sortes de bénédictions spirituelles dans les lieux célestes en Christ.

En lui, Dieu m'a élu avant la fondation du monde, pour que je sois saint et irrépréhensible devant lui.

Il m'a prédestiné dans son amour à être son enfant par adoption par Jésus-Christ, selon le bon plaisir de sa volonté, pour célébrer la gloire de sa grâce dont il m'a favorisée en son bien-aimé.

En Christ, j'ai la rédemption par son sang, la rémission des péchés, selon la richesse de sa grâce, que Dieu a abondamment répandue sur moi par toute espèce de sagesse et d'intelligence.

Il m'a fait connaître le mystère de sa volonté, selon le bienveillant dessein qu'il avait formé en lui même, pour le mettre à exécution lorsque les temps seraient accomplis de réunir toutes choses en Christ, celles qui sont dans les cieux et celles qui sont sur la terre.

En lui, je suis moi aussi devenu héritier, ayant été prédestiné, suivant le plan de celui qui opère toutes choses d'après le conseil de sa volonté, afin que je serve à célébrer sa gloire, moi qui, d'avance, ai espéré en Christ.

En lui, j'ai aussi, après avoir entendu la parole de la vérité, l'Evangile de mon salut.

En lui, j'ai cru et j'ai été scellé du Saint Esprit qui avait été promis et lequel est le gage de mon héritage, pour la rédemption de ceux que Dieu s'est acquis, pour célébrer sa gloire.

L'Eternel, le Dieu de mon Seigneur Jésus-Christ, le Père de gloire, me donne un esprit de sagesse et de révélation, dans sa connaissance.

L'Eternel, le Dieu de mon Seigneur Jésus-Christ, illumine les yeux de mon cœur, pour que je sache quelle est l'espérance qui s'attache à mon appel, quelle est la richesse de la gloire de son héritage qu'il réserve aux saints, et quelle est envers moi qui crois, l'infinie grandeur de sa puissance, se manifestant avec efficacité par la vertu de sa force.

Il l'a déployée en Christ, en le ressuscitant des morts, et en le faisant asseoir à sa droite dans les lieux célestes, au-dessus de toute domination, de toute autorité, de toute puissance, de toute dignité, et de tout nom qui se peut nommer, non seulement dans le siècle présent, mais encore dans les siècles à venir.

Il a tout mis sous ses pieds, et il l'a donné pour chef suprême à l'Eglise, qui est son corps, la plénitude de celui qui remplit tout en tous.

Chapitre 7
LES POINTS DE CONTROLE SPIRITUEL

Définition

Les points de contrôle spirituel sont des postes de contrôle des puissances du mal opérants à partir du deuxième ciel (2Corinthiens 12 :2) pour intercepter et confisquer, de façon illégale, les bénédictions des enfants de Dieu, à cause de leur ignorance.

Les points de contrôle spirituel causent les retards des réponses aux prières des chrétiens et, parfois même, le non exaucement.

I - Comprendre la réalité du combat spirituel

Car nous n'avons pas à lutter contre la chair et le sang, mais contre les dominations, contre les autorités, contre les princes de ce monde de ténèbres, contre les esprits méchants dans les lieux célestes. (Ephésiens 6 :12).

Car les armes avec lesquelles nous combattons ne sont pas charnelles ; mais elles sont puissantes, par la vertu de Dieu, pour renverser des forteresses. (2Corinthiens 10 :4).

Nous renversons les raisonnements et toute hauteur qui s'élève contre la connaissance de Dieu, et nous amenons toute pensée captive à l'obéissance de Christ. (2Corinthiens 10 :5).

Le combat spirituel est partie intégrante de la vie des hommes que nous en soyons conscients ou pas. Nul ne peut prétendre à vivre une vie victorieuse dans ce monde physique, à moins d'avoir obtenu la victoire dans le monde spirituel, parce que tout ce que nous possédons dans le visible est d'abord obtenu dans l'invisible.

Il y a eu guerre dans le ciel. Satan et ses mauvais esprits ont été vaincus et précipités sur la terre.

Et il y eut guerre dans le ciel. Michel et ses anges combattirent contre le dragon. Et le dragon et ses anges combattirent, mais ils ne furent pas les plus forts, et leur place ne fut plus trouvée dans le ciel. (Apocalypse 12 :7-8).

II - L'OPERATION DES POINTS DE CONTROLE SPIRITUEL

En ce temps-là, moi, Daniel, je fus trois semaines dans le deuil.

Je ne mangeai aucun mets délicat, il n'entra ni viande ni vin dans ma bouche, et je ne m'oignis point jusqu'à ce que les trois semaines fussent accomplies. (Daniel 10 :2-3).

Il me dit : Daniel, ne crains rien ; car dès le premier jour où tu as eu à cœur de comprendre, et de t'humilier devant ton Dieu, tes paroles ont été entendues, et c'est à cause de tes paroles que je viens.

Le chef du royaume de Perse m'a résisté vingt et un jours ; mais voici, Michaël, l'un des principaux chefs, est venu à mon secours, et je suis demeuré là auprès des rois de Perse.

Je viens maintenant pour te faire connaître ce qui doit arriver à ton peuple dans la suite des temps ; car la vision concerne encore ces temps-là. (Daniel 10 :12-14).

Tout ce que nous demandons à Dieu, selon sa volonté, avec foi, nous le recevons de lui.

Malheureusement, nos réponses sont souvent interceptées par les puissances des ténèbres qui exercent un droit de rétention sur nos bénédictions à cause de notre ignorance, à cause de notre incrédulité, à cause de nos péchés et à cause de notre implication ou celle de nos parents dans les alliances occultes non révoquées.

Dans le cas de Daniel, nous voyons que le diable et son agent, ici le prince de Perse, avait intercepté l'ange qui apportait la réponse à la prière de Daniel.

C'est le cas parfois de la plupart des chrétiens. Mais, la prière persévérante de Daniel, accompagnée du jeûne, a débloqué la situation en envoyant l'archange Michael au secours de l'ange qui avait été intercepté avec la réponse de Daniel.

Nous devons, comme Daniel, persévérer dans la prière et le jeûne quand les réponses tardent, au lieu de nous lamenter et accuser Dieu, ou blâmer tout le monde autour de nous.

Référons-nous à : 1Samuel 30 :1-8

1 Lorsque David arriva le troisième jour à Tsiklag avec ses gens, les Amalécites avaient fait une invasion dans le midi et à Tsiklag. Ils avaient détruit et brûlé Tsiklag,

2 après avoir fait prisonniers les femmes et tous ceux qui s'y trouvaient, petits et grands. Ils n'avaient tué personne, mais ils avaient tout emmené et s'étaient remis en route.

3 David et ses gens arrivèrent à la ville, et voici, elle était brûlée ; et leurs femmes, leurs fils et leurs filles, étaient emmenés captifs.

4 Alors David et le peuple qui était avec lui élevèrent la voix et pleurèrent jusqu'à ce qu'ils n'eussent plus la force de pleurer.

5 Les deux femmes de David avaient été emmenées, Achinoam de Jizreel, et Abigaïl de Carmel, femme de Nabal.

6 David fut dans une grande angoisse, car le peuple parlait de le lapider, parce que tous avaient de l'amertume dans l'âme, chacun à cause de ses fils et de ses filles. Mais David reprit courage en s'appuyant sur l'Eternel, son Dieu.

7 Il dit au sacrificateur Abiathar, fils d'Achimélec : Apporte-moi donc l'éphod ! Abiathar apporta l'éphod à David.

8 Et David consulta l'Eternel, en disant: Poursuivrai-je cette troupe? L'atteindrai-je? L'Eternel lui répondit: Poursuis, car tu atteindras, et tu délivreras.

La victoire dans le combat de récupération de nos biens dépend de la révélation que nous avons de la situation, et de notre détermination à posséder ce qui a été volé.

Il est donc très important d'identifier d'abord le problème dans la prière avant de nous engager dans le combat. Dieu qui est fidèle et riche en bonté nous révèlera toujours la source de nos problèmes si nous le lui demandons sincèrement.

Invoque-moi, et je te répondrai ; Je t'annoncerai de grandes choses, des choses cachées, Que tu ne connais pas. **(Jérémie 33 :3).**

Notre victoire totale sur Satan et les forces des ténèbres ne sera garantie que si nous faisons preuve d'une foi ferme en Dieu et sa Parole, ainsi qu'une vie de consécration, de sanctification soutenue par le jeûne et la prière.

PRIERE POUR DETRUIRE
LES POINTS DE CONTROLE SPIRITUEL

1 - Tous les points de contrôle spirituel, tous les corridors et postes de douanes démoniaques montés contre la manifestation de mes bénédictions sur la terre des vivants, je vous démantèle au nom de Jésus.

2 - Oh seigneur, visite pour moi les points de contrôle des puissances du mal avec le feu du jugement divin au nom de Jésus.

3 - Roi du mal qui règne sur ma vie, ma famille et ma localité, aujourd'hui je te renverse, toi et ton royaume, au nom de Jésus.

4 - Au nom de Jésus, je commande le tonnerre et une pluie de feu de Dieu sur tout royaume contre ma bénédiction.

5 - Je confronte toutes autorités illégales, les esprits de domination et de contrôle en charge de ma vie et mon environnement. Au nom de Jésus, soyez détruits.

6 - Vous, autels mystérieux derrière les points de contrôle spirituel contre moi, au nom de Jésus, prenez feu maintenant et soyez détruits à jamais.

7 - Tout renforcement des points de contrôle spirituel par le sacrifice, je vous détruis, par le sang de Jésus.

8 - Forteresse ancestrale sur ma vie résultant des implications passées de mes ancêtres dans les pratiques démoniaques, je vous détruis maintenant, au nom de Jésus.

9 - Vous, puissances du mal, agents de Satan appointés pour manipuler et bloquer mes biens et bénédictions dans les postes de douane démoniaque, j'arrête et termine vos fonctions, au nom de Jésus.

10 - Officiers spirituels illégaux relâchés contre mes bénédictions, au nom de Jésus je vous exécute tous, maintenant.

11 - Au nom de Jésus, je détruis par le feu les gadgets de télécommande placés dans les points de contrôle spirituel pour manipuler mes progrès dans la vie.

12 - Au nom de Jésus, vous, mains du mal, qui retenez mes bénédictions dans les points de contrôle spirituel, je vous coupe maintenant.

13 - Je relâche, immédiatement, toutes mes bénédictions accumulées dans les points de contrôle spirituel par le feu de Dieu, au nom de Jésus.

14 - Par la puissance du Saint Esprit, je visite maintenant tous les points de contrôle spirituel montés par les forces du mal et je récupère tous mes biens, au nom de Jésus.

15 - Toutes les bénédictions que j'attendais depuis longtemps dans ma vie, [c'est-à-dire ma santé, mes

finances, mon succès etc.] et qui ont été confisquées dans les postes de douanes démoniaques, soyez relâchées, au nom de Jésus.

16 - Miracles, guérisons, délivrances, percées spirituelles m'appartenant et retenus aux points de contrôle, localisez-moi et venez à moi maintenant, au nom de Jésus.

17 - Par la puissance divine, je prends rapidement possession de tous mes colis venant du ciel, au nom de Jésus. Je prends livraison de mes colis maintenant.

18 - Au nom de Jésus, j'appelle mes bénédictions à la manifestation physique, maintenant.

19 - Je relâche, aujourd'hui, les anges de Dieu pour assurer l'acheminement, l'escorte et la livraison sécurisés de mes bénédictions. Mes biens et mes colis venant de mon père céleste, au nom de Jésus

20 - Au nom de Jésus, je marque tout ce qui m'appartient par le sang de Jésus. Je vous défends strictement d'y toucher, vous forces du mal.

21 - Je décrète que désormais aucune puissance, aucune autorité, aucune force et aucun esprit du mal ne troublent mes bénédictions, car je porte sur mon corps le sang de Jésus.

Chapitre 8
COMMENT RECONNAITRE LES ATTAQUES DE L'ESPRIT DE SORCELLERIE.

Introduction :

Référence biblique : Deutéronome 18 :10-13

10 Qu'on ne trouve chez toi personne qui fasse passer son fils ou sa fille par le feu, personne qui exerce le métier de devin, d'astrologue, d'augure, de magicien,

11 d'enchanteur, personne qui consulte ceux qui évoquent les esprits ou disent la bonne aventure, personne qui interroge les morts.

12 Car quiconque fait ces choses est en abomination à l'Eternel ; et c'est à cause de ces abominations que l'Eternel, ton Dieu, va chasser ces nations devant toi.

13 Tu seras entièrement à l'Eternel, ton Dieu.

Définition de la sorcellerie :

La sorcellerie désigne la pratique mystique dangereuse à caractère très nuisible qui a pour objectif principal de détruire des vies humaines.

Pour accomplir ses desseins, l'esprit de la sorcellerie utilise principalement les êtres humains, appelés « sorciers ».

Ainsi donc, le sorcier, c'est-à-dire celui qui pratique l'esprit de la sorcellerie, est un démon de haut rang qui collabore avec toutes les autres puissances des ténèbres.

L'esprit de la sorcellerie est facilement activé par la jalousie, la haine, la vengeance, l'amour des richesses, du pouvoir de la puissance et l'orgueil.

I - L'ORIGINE DE LA SORCELLERIE

La sorcellerie est née de la rébellion de l'ange Lucifer contre l'autorité de Dieu. C'est pour cela, la sorcellerie a pour objectif principal de renverser l'ordre que Dieu a établi. La sorcellerie est contre les desseins de Dieu. La rébellion est l'esprit derrière la sorcellerie.

Référence biblique : Esaïe 14 :10-17

10 Tous prennent la parole pour te dire : Toi aussi, tu es sans force comme nous, Tu es devenu semblable à nous !

11 Ta magnificence est descendue dans le séjour des morts, Avec le son de tes luths ; Sous toi, est une couche de vers. Et les vers sont ta couverture.

12 Te voilà tombé du ciel, Astre brillant, fils de l'aurore ! Tu es abattu à terre, Toi, le vainqueur des nations !

13 Tu disais en ton cœur : Je monterai au ciel, J'élèverai mon trône au-dessus des étoiles de Dieu ; Je m'assiérai sur la montagne de l'assemblée, à l'extrémité du septentrion ;

14 Je monterai sur le sommet des nues, Je serai semblable au Très-Haut.

15 Mais, tu as été précipité dans le séjour des morts, dans les profondeurs de la fosse.

16 Ceux qui te voient fixent sur toi leurs regards, ils te considèrent attentivement : est-ce là cet homme qui faisait trembler la terre, qui ébranlait les royaumes,

17 Qui réduisait le monde en désert ? Qui ravageait les villes, et ne relâchait point ses prisonniers ?...

Référence biblique : Ezéchiel 28 :11-19

11 La parole de l'Eternel me fut adressée, en ces mots:

12 Fils de l'homme, prononce une complainte sur le roi de Tyr ! Tu lui diras: Ainsi parle le Seigneur, l'Eternel : tu mettais le sceau à la perfection, tu étais plein de sagesse, parfait en beauté.

13 Tu étais en Eden, le jardin de Dieu. Tu étais couvert de toute espèce de pierres précieuses, de sardoine, de topaze, de diamant, de chrysolithe, d'onyx, de jaspe, De saphir, d'escarboucle, d'émeraude, et d'or. Tes tambourins et tes flûtes étaient à ton service, préparés pour le jour où tu fus créé.

14 Tu étais un chérubin protecteur, aux ailes déployées. Je t'avais placé et tu étais sur la sainte montagne de Dieu. Tu marchais au milieu des pierres étincelantes.

15 Tu as été intègre dans tes voies, depuis le jour où tu fus créé Jusqu'à celui où l'iniquité a été trouvée chez toi.

16 Par la grandeur de ton commerce, tu as été rempli de violence, et tu as péché ; Je te précipite de la montagne de Dieu, et je te fais disparaître, chérubin protecteur, du milieu des pierres étincelantes.

17 Ton cœur s'est élevé à cause de ta beauté, Tu as corrompu ta sagesse par ton éclat. Je te jette par terre, je te livre en spectacle aux rois.

18 Par la multitude de tes iniquités, par l'injustice de ton commerce, tu as profané tes sanctuaires. Je fais sortir du milieu de toi un feu qui te dévore. Je te réduis en cendre sur la terre, aux yeux de tous ceux qui te regardent.

19 Tous ceux qui te connaissent parmi les peuples sont dans la stupeur à cause de toi. Tu es réduit au néant, tu ne seras plus à jamais!

II - LE BUT DE LA SORCELLERIE
Référence biblique : 1Samuel 15 : 22-23

22 Samuel dit: L'Eternel trouve-t-il du plaisir dans les holocaustes et les sacrifices, comme dans l'obéissance à la voix de l'Eternel? Voici, l'obéissance vaut mieux que les sacrifices, et l'observation de sa parole vaut mieux que la graisse des béliers.

23 Car la désobéissance est aussi coupable que la divination, et la résistance ne l'est pas moins que l'idolâtrie et les théraphim. Puisque tu as rejeté la parole de l'Eternel, il te rejette aussi comme roi.

Après avoir été chassé du ciel pour sa rébellion, l'ex-ange Lucifer, désormais devenu Satan, le diable, utilise principalement la sorcellerie au travers des êtres humains comme agents pour établir son royaume sur la terre. La sorcellerie est le système de Satan pour affliger l'humanité. C'est la personnification de la cruauté satanique. La sorcellerie est l'arme fatale de Satan pour l'extermination et l'avilissement du genre humain.

Tout comme l'église sans le Saint Esprit est puissance, de même le royaume des ténèbres sans l'esprit de la sorcellerie est sans puissance. C'est la puissance qui offre des solutions rapides avec des conséquences désastreuses.

Le plus grand ennemi des hommes, c'est la sorcellerie. Elle a pour objectif principal de combattre et frustrer les plans de Dieu dans la vie des hommes.

La sorcellerie est une arme puissante entre les mains du diable pour détruire la destinée des hommes. La sorcellerie contrôle le royaume de Satan qui ne doit son existence qu'à cet esprit.

C'est par la sorcellerie que Satan séduit l'humanité et domine sur elle.

Les fausses religions, les sectes pernicieuses, les guerres, les fléaux et désastres de tous genres qui ravagent le monde sont les œuvres de la sorcellerie.

III - LES DIFFERENTES MANIFESTATION DES ATTAQUES DE LA SORCELLERIE DANS LA VIE DES CROYANTS

Référence biblique : 2 Cor.10 :3-6.

Cet esprit attaque principalement les pensées avec pour objectif de détruire la relation des chrétiens avec Dieu.

Référence biblique : 1Rois 19 :1-8.

Le prophète Elie est un exemple typique de l'attaque de la sorcellerie contre les serviteurs de Dieu.

1 - La confusion des pensées – manque de clarté dans les pensées et les décisions – manque de concentration – oubli – frustration (Proverbes 22 :7).

2- Abandon : Envie d'abandonner (Prov.18 :9).

3 - Isolation - Aime se couper de tout, sans aucune raison (Prov.18 :1).

4 - Très critique - amère - aime magnifier les défauts des autres - aigri et développe un esprit d'accusation. (Prov. 6 :16 – 19).

5 - Fatigue - lourdeur - paresse - tendance à tout remettre au lendemain (Prov.6 :6-11).

6 - Léthargie - apathie - froideur - sommeil profond (Prov.6 :911).

7 - Imagination - défaite - échec - agitation - agressivité - distraction.

8 - Peur - panique - paralysie (Job 3 :25 – 26).

9 - Emergence des vieille maladies - maladie chroniques ou incurables (Exode 15 :6).

10 - Perte de notre identité spirituelle (1Rois 19 :4)

11 - Dépression - suicide (Job 3 :11-12)

12 - Possessif - autoritaire - contrôle - manipulation - orgueil - chantage.

IV - PRIERE DE COMBAT CONTRE LA MANIPULATION DE LA SORCELLERIE

Références Bibliques : Jacques 5 : 13 – 16/ 2 Cor 10 : 3 – 6

1 - Père, dans le nom de Jésus, ton Fils unique, je prends ma place dans ton royaume. Je demande l'onction qui détruit les sorciers et les sorcières. Au nom de Jésus, je détruis la protection des sorciers et sorcières. Je les lie, je reçois une Pierre Spirituelle du Ciel et je lapide les sorciers qui troublent ma vie au nom de Jésus.

2 - Je révoque toutes les malédictions de la sorcellerie utilisant Galates 3: 13, je lie les esprits qui sont venus aux travers des malédictions de la sorcellerie. Je détruis et chasse tous les esprits qui ont amené la défaveur, la déception et la maladie... dans ma vie.

3 - j'enlève toute protection dont jouissent les sorciers et je casse leurs pieds à partir de ce cercle de protection. Je détruis l'autel de sorcellerie dans ma vie. Je vandalise les autels de la sorcellerie contre moi, par la puissance du sang de Jésus-Christ. J'annule toute puissance qui a été sur cet autel.

4 - Je déconnecte tous les points de contact de la sorcellerie dans ma vie, au nom de Jésus. Quel que soit le droit de la sorcellerie dans ma vie, je l'annule par le sang de Jésus.

5 - Je relâche le feu du Saint-Esprit depuis la genèse des attaques et des activités de la sorcellerie sur ma vie, sur mon mariage, sur mes finances, sur mon ministère, sur ma santé, sur mes affaires, sur ma famille, etc.

6 - J'efface toute marque de la sorcellerie sur mon front ou quelques autres parties de mon corps par lesquelles les sorciers me localisent où que j'aille, au nom puissant de Jésus. (1 Rois 21: 8-9).

7 - Au nom de Jésus, je lie l'homme fort du couvent de la sorcellerie où mon cas est exposé. Je détruis ton pouvoir, ton siège d'autorité au nom de Jésus. Je t'aveugle sur ma vie par le feu du Saint-Esprit.

8 - Au nom de Jésus, je lie le second homme fort du couvent de la sorcellerie où mon cas est débattu. Je détruis ta puissance et ton siège d'autorité. Je relâche la mésentente et le trouble au milieu d'eux. Je décrète que

tout ce qu'ils ont planifié contre ma vie soit détruit, au nom de Jésus.

9 – Au nom de Jésus, je lie les sorciers et les sorcières, physiquement et spirituellement, qui ont rapporté ou amené mon cas dans le couvent de la sorcellerie. Je me décharge de leurs délibérations. Je commande que leurs désirs contre moi périssent, au nom de Jésus. (Psaume 112:10).

10 – Au nom de Jésus-Christ, je me tiens contre les messagers du couvent de la sorcellerie assignés à ma vie pour réaliser les mauvais desseins de l'ennemi. Je m'appuie sur la Parole de Dieu qui dit que les clefs du Royaume des Cieux m'ont été données et je ferme toutes les portes par lesquelles ils ont accès à ma vie, au nom de Jésus. Je commande que le feu du Saint Esprit consume les sorciers et les sorcières contre ma vie, au nom de Jésus.

11 – Au nom de Jésus, je refuse d'honorer toute invitation du mal, spirituellement et physiquement, qui pourrait être utilisée par les sorciers pour me convoquer dans leur couvent, au nom de Jésus.

12 – Je rejette au nom de Jésus, tout honneur, toute faveur ou toute promotion planifiée à partir du couvent de la sorcellerie pour me piéger et me détruire. J'annule ces plans, au nom de Jésus. Ils échoueront. Je lave ma vie des plans de la sorcellerie, par le Sang de Jésus.

13 – Au nom de Jésus, je décrète en ce moment précis selon la Parole de Dieu en Job 22:28, que ce que je décrète sur la terre sera établi dans les Cieux. Je déclare nulles et sans effets toutes les accusations dans le couvent de la sorcellerie contre ma vie au nom de Jésus. Je me décharge de toute accusation des sorciers. Au nom du Grand Juge et Chef de toute autorité, Jésus-Christ, je me libère, je suis réellement affranchi.

14 – Au nom de Jésus, je détruis complètement le couvent à partir duquel les sorciers attaquent ma vie. Je les réduis en cendres par le feu du Saint-Esprit. Je condamne ce couvent et je décrète qu'à partir de ce jour, il ne

fonctionnera plus au nom de Jésus. S'ils essaient de revenir ensemble que cela soit impossible, au nom de Jésus.

15 – Au nom de Jésus, je détruis toutes les cages de la sorcellerie qui retiennent mon succès, mon ministère, mes finances, ma santé, au nom de Jésus. Je les détruis par le feu du Saint-Esprit.

16 – Au nom de Jésus, je détruis, je brûle toutes les couvertures de la sorcellerie qui couvrent ma vie et toutes mes bénédictions, au nom de Jésus.

17 – Au nom de Jésus, vous, portes de la sorcellerie, barricades et corridors, je vous commande de vous désintégrer et soyez totalement détruits, au nom de Jésus.

18 Jésus, vous, chaînes de la stagnation qui retenez mon avancement et me maintenez au même point, soyez détruits maintenant.

19 – Toutes les pièces et les billets d'argent introduits dans mes finances pour m'appauvrir, je vous détruis maintenant par le feu du Saint-Esprit, au nom puissant de Jésus.

20 – Toute domination de la sorcellerie sur ma vie résultant de mes rencontres et consultations dans le passé des féticheurs, marabouts, sorciers, devins ou agents de Satan, je commande que tu sois détruite maintenant, au nom de Jésus.

21 – Tout autel de la sorcellerie élevé contre ma vie, mon ministère, mes affaires, mes projets, ma santé, ma maison (ma femme/mon mari et mes enfants). Je vous détruis maintenant par le feu du Saint-Esprit, au nom de Jésus.

22 – Vous, toiles de la sorcellerie qui couvrez ma vie, je vous détruis par le feu du Saint-Esprit.

23 – Au nom de Jésus, je détruis tout enterrement de la sorcellerie arrangé pour moi.

24 – Au nom de Jésus, je détruis, je démantèle et disperse toute action de la sorcellerie visant à manipuler ma vie pour me soumettre.

25 – Je me décharge et m'acquitte de tout tribunal de la sorcellerie. Je détruis tous les dossiers, archives et chefs d'accusation contre moi dans le tribunal de la sorcellerie par le feu de Dieu au nom de Jésus.

26 – Vous, avocats du mal, qui traitez mon cas dans le couvent de la sorcellerie, je commande que mon cas soit trop brulant pour vous. Aussi, je vous commande de tomber et de mourir au nom de Jésus.

27 – Au nom de Jésus, j'expulse tout dépôt de la sorcellerie au travers de la fusillade dans les rêves.

28 – Au nom de Jésus, j'expulse tout dépôt de la sorcellerie par injection dans les rêves.

29 – Au nom de Jésus, j'expulse tout dépôt de la sorcellerie au travers des médicaments (comprimes) dans les rêves.

30 J'expulse tout dépôt par la chicotte dans les rêves au nom de Jésus.

31 – Je coupe toute main de la sorcellerie me conduisant dans les lieux de trouble et de déception dans les rêves.

32 – Tout autel familial de la sorcellerie dans ma vie, je vous détruis par le feu du Saint-Esprit au nom de Jésus.

33 – Toi homme fort de la sorcellerie dans ma famille sois détruit au nom de Jésus.

34 – Tout tissu de la sorcellerie couvrant mes bénédictions, je vous détruis au nom de Jésus.

35 – Au nom de Jésus, je renverse tout royaume ou gouvernement de la sorcellerie dans ma famille.

36 – Je me libère de l'influence, la manipulation et la domination de sorcellerie.

37 – Au nom de Jésus, je détruis toutes les marmites de la sorcellerie préparées pour moi et ma famille.

38 – Je paralyse toute main de sorcellerie qui me nourrit dans les rêves.

39 – Je détruis toutes les cuisines ou foyers ou les repas du mal sont préparés pour moi, au nom de Jésus.

40 – Au nom de Jésus, je détruis toute couverture de la sorcellerie sur ma destinée.

41 – Au nom de Jésus, j'expulse tout dépôt de la sorcellerie au travers de la nourriture dans les rêves.

42 – Au nom de Jésus, j'expulse tout dépôt de la sorcellerie par incisions.

43 – Au nom de Jésus, j'expulse tout dépôt de la sorcellerie au travers du sexe dans les rêves ou dans le physique.

44 – Au nom de Jésus, je détruis toute main de sorcellerie qui manipule mes organes reproducteurs (citer les organes selon le genre).

45 – Tout arbre de la sorcellerie portant les fruits de mes entrailles, je te commande de sécher maintenant au nom de Jésus. Brule par le feu de Dieu.

46 – Jésus, je brule par le feu du Saint-Esprit, tout arbre de la sorcellerie portant les fruits de mon labeur, du travail de mes mains.

47 – Par le Sang de Jésus, je lave toute déception répandue sur moi par les sorciers.

48 – Par le Sang de Jésus, je lave toutes les marques d'échec et de retard mis sur ma vie par le couvent de la sorcellerie au nom de Jésus.

49 – Par le Sang de Jésus, je lave toutes les marques des sorciers sur ma vie au nom de Jésus.

50 – Tout contrôle, comportement ou caractère émanant des actes de la sorcellerie dans ma vie soit détruit au nom de Jésus.

51 – Tout désir, penchant ou vice résultant de la manipulation de la sorcellerie dans ma vie, je vous détruis par la puissance du Saint-Esprit au nom de Jésus.

52 – Au nom de Jésus, je détruis tout budget de la sorcellerie dans ma vie.

53 – Au nom de Jésus, je détruis tout désir motivé par la sorcellerie dans ma vie.

54 – Au nom de Jésus, je révoque et détruis toute incantation et divination de la sorcellerie contre ma vie.

55 – Tous les sorciers et sorcières utilisant l'arme de la poussière contre ma vie, tombez et mourez au nom de Jésus.

56 – J'expulse tout esprit de langueur et de lourdeur introduit par la sorcellerie dans ma vie.

57 – Au nom de Jésus, je détruis et expulse toute maladie introduite dans ma vie par la sorcellerie.

58 – Au nom de Jésus, je détruis toutes les prisons de la sorcellerie.

59 – Seigneur, fais de ma vie un lieu inaccessible à jamais pour les sorciers, au nom de Jésus.

60 – Au nom de Jésus et par la puissance de son Sang, je brise toute alliance et toute initiation de la sorcellerie dans ma vie.

61 Jésus, je détruis immédiatement tous les dépôts de l'initiation de la sorcellerie dans mon corps, je vous évacue de mon corps, par la puissance du Sang de Jésus.

62 – Au nom de Jésus et par la puissance de son Sang, je renverse toute forteresse de la sorcellerie dans ma vie, et je te lie, toi homme fort derrière cette forteresse au nom de Jésus.

63 – Par la puissance du sang de Jésus, je brise toute alliance de la sorcellerie contractée contre moi par mes ancêtres, au nom de Jésus.

64 – Toi domination de la sorcellerie sur ma vie, je te détruis au nom puissant de Jésus. Je me libère ainsi que mes bonnes portions de ta domination au nom de Jésus.

65 – Au nom de Jésus, je commande le feu du Saint-Esprit pour détruire tous les gadgets de contrôle de la sorcellerie projetés contre moi. Et toi, puissance assignée à ma vie pour la contrôler, tombe et meurs, au nom de Jésus.

66 – Par la puissance du Sang de Jésus-Christ, j'efface tous les écrits et ordonnances de la sorcellerie agissant contre moi à partir de ma famille et de son passé, au nom de Jésus-Christ.

67 – Au nom de Jésus-Christ, je révoque les temps et les saisons programmés par la sorcellerie pour influencer négativement le travail et la vie des membres de ma famille.

68 – Je vous lie, vous sorciers et sorcières assignés pour faire agir les mauvais temps et saisons dans ma vie, au nom de Jésus. Je vous commande de tomber et de mourir.

69 – Au nom de Jésus, je change les mauvais temps et saisons en bon temps et saisons de la faveur divine dans ma vie.

70 – Au nom de Jésus et par le feu du Saint-Esprit, je démolis tout autel de la sorcellerie érigé contre moi.

71 – Au nom de Jésus et par le feu du Saint-Esprit, je démolis toute fondation de la sorcellerie dans ma vie.

72 – Je commande que tous les sorciers appointés pour agir contre moi à partir des autels des ténèbres soient consumés par le feu du Saint-Esprit, au nom de Jésus.

73 Jésus, je condamne tout conseil de sorcellerie reçu contre moi.

74 - Toutes les mains de méchanceté qui ont battu contre moi, je vous coupe et je mets la confusion au milieu de vous, au nom de Jésus.

75 – Vous, puissances de la sorcellerie bloquant mes bénédictions des quatre coins de terre, tombez et mourrez, au nom de Jésus.

76 – Toute puissance de sorcellerie parlant contre moi, je vous réduis au silence au nom de Jésus. (1 Sam. 2: 9).

77 – Je commande que les demeures des sorciers agissant contre ma vie soient désertes au nom de Jésus.

78 – Que le Ciel envoie de la pluie et de la grêle de feu sur les sorciers qui me privent de mon élévation au nom de Jésus.

79 – J'arrête toutes les marchandises du mal dans ma famille par la puissance du Saint-Esprit au nom de Jésus. (Esaïe 59: 19).

80 – Je prends mes bénédictions par la force de la marmite, du couvent et de tous les lieux cachés ou les sorciers les ont retenus, au nom de Jésus. (Matthieu 11: 12).

81 – Prenant appui sur Esaïe 8: 9, je commande la destruction totale de toute association de sorciers contre ma vie au nom de Jésus.

82 – Sur la base de Esaïe 8: 10, je commande que soient réduits à néant, tous les projets et ordres des sorciers contre moi au nom de Jésus.

83 – Au nom de Jésus-Christ, je commande que toutes les paroles prononcées contre moi par les sorciers au travers des devins ou mediums soient sans effets, au nom de Jésus. (Esaïe 8:10a).

84 – Au nom de Jésus-Christ, je commande que toute main de sorcellerie tendue pour me vexer ou m'affliger soit sèche et consumée par feu du Saint-Esprit, au nom de Jésus. (Actes 12: 1).

85 – Au nom de Jésus-Christ, je commande que tous les sorciers qui s'élèvent contre ma gloire tombent et meurent. (Esaïe 6 : 11).

86 – Au nom de Jésus-Christ, je commande selon les jugements écrits de Dieu que toute corne de la sorcellerie élevée contre moi soit coupée et consumée par le feu du Saint-Esprit. (Psaume 75: 11).

87 – Au nom de Jésus-Christ, je commande que toute personne, sorcier ou sorcière, placé(e) devant moi pour me

distraire et m'empêcher de recevoir la visitation divine soit ôté(e). (Esaïe 6:1).

88 – Au nom de Jésus-Christ, je commande que tous les flots du mal relâchés par les sorciers pour inonder ma vie sèchent immédiatement. (Esaïe 59 : 19).

89 – Au nom de Jésus-Christ, je commande que tous les sorciers appointés pour me frustrer dans la vie soient liés et détruits par le feu du Saint-Esprit.

90 – Selon Esaïe 14: 27a, au nom de Jésus, je commande que tout ce que les sorciers ont projeté d'accomplir dans ma vie soit annulé.

91 – Au nom de Jésus, je commande que toute main de sorcier tendue contre ma vie pour exécuter leurs mauvais desseins se retourne et soit détruite par le feu du Saint-Esprit. (Esaïe 14: 27).

92 – Au nom de Jésus, je commande que le bâton de sorcellerie tendu contre moi pour causer le mal soit brisé et consumé par le feu du Saint-Esprit. (Psaume 125 : 3).

93 – Au nom de Jésus, je commande que la semence de la peur plantée par les sorciers dans mon cœur soit déracinée et consumée par le feu du Saint-Esprit. (Matthieu 15 : 13).

94 – Au nom de Jésus, je commande que tous les conseillers du mal placés par les sorciers autour de moi, soient séparés et renvoyés très loin de ma vie. (Genèse 1:4).

95a – Me tenant sur Galates 6: 8 au nom de Jésus, j'arrache toute semence du mal que j'ai semée moi-même par la manipulation de la sorcellerie et la consume par le feu du Saint-Esprit.

95b – Selon 1 Cor 9:9 au nom de Jésus-Christ, je commande que tous les sorciers s'opposant aux grandes portes ouvertes pour ma bénédiction soient liés et consumés par le feu du Saint-Esprit.

96 – Au nom de Jésus-Christ, je commande que toute contamination de la sorcellerie dans ma vie soit détruite.

97 – Par l'autorité du nom de Jésus-Christ et par la puissance du Saint-Esprit, je révoque toute malédiction qui a dû venir dans ma vie au travers des activités de l'esprit de la sorcellerie familiale dans ma famille.

98 – Tout esprit de sorcellerie opérant dans ma famille, je vous commande d'être exposé, au nom de Jésus.

99 – Tous les esprits de sorcellerie de clan opérant dans ma famille, qui invitent les sorciers d'ailleurs à venir me tourmenter, moi et ma famille, j'envoie le feu du Saint-Esprit contre vous et votre cohorte, au nom de Jésus.

100 – Tout dépôt de la sorcellerie localisé dans quelque partie que ce soit de mon corps, j'envoie le feu du Saint-Esprit contre vous, et je vous expulse définitivement de mon système, au nom puissant de Jésus.

Chapitre 9
L'AUTEL ET SA PUISSANCE

Références bibliques: Genèse 15 :7-21

7   L'Eternel lui dit encore: Je suis l'Eternel, qui t'ai fait sortir d'Ur en Chaldée, pour te donner en possession ce pays.

8   Abraham répondit: Seigneur Eternel, à quoi connaîtrai-je que je le posséderai?

9   Et l'Eternel lui dit: Prends une génisse de trois ans, une chèvre de trois ans, un bélier de trois ans, une tourterelle et une jeune colombe.

10   Abraham prit tous ces animaux, les coupa par le milieu, et mit chaque morceau l'un vis-à-vis de l'autre ; mais il ne partagea point les oiseaux.

11   Les oiseaux de proie s'abattirent sur les cadavres; et Abraham les chassa.

12   Au coucher du soleil, un profond sommeil tomba sur Abraham ; et voici, une frayeur et une grande obscurité vinrent l'assaillir.

13   Et l'Eternel dit à Abraham : Sache que tes descendants seront étrangers dans un pays qui ne sera point à eux ; ils y seront asservis, et on les opprimera pendant quatre cents ans.

14   Mais, je jugerai la nation à laquelle ils seront asservis, et ils sortiront ensuite avec de grandes richesses.

15   Toi, tu iras en paix vers tes pères, tu seras enterré après une heureuse vieillesse.

16   A la quatrième génération, ils reviendront ici; car l'iniquité des Amoréens n'est pas encore à son comble.

17 Quand le soleil fut couché, il y eut une obscurité profonde ; et voici, ce fut une fournaise fumante, et des flammes passèrent entre les animaux partagés.

18 En ce jour-là, l'Eternel fit alliance avec Abraham, et dit: Je donne ce pays à ta postérité, depuis le fleuve d'Egypte jusqu'au grand fleuve, au fleuve d'Euphrate,

19 le pays des Kéniens, des Keniziens, des Kadmoniens,

20 des Héthiens, des Phéréziens, des Rephaïm,

21 des Amoréens, des Cananéens, des Guirgasiens et des Jébusiens.

Définition

Un autel est un endroit désigné, où des sacrifices sont offerts à une divinité. C'est un lieu où l'homme, par son culte d'adoration, invite la présence du Dieu qu'il adore.

Les autels dans la Parole de Dieu sont généralement fait de terre (Exode 20: 24) ou de pierres non taillées (Exode 20: 25) sur lesquels sont offerts des sacrifices. L'autel est bâti à un endroit précis selon les exigences ou les indications de la divinité pour laquelle il est érigé (Genèse 22: 9).

Le premier autel mentionné dans la Bible est celui érigé par Noé (Genèse 8: 20),

La puissance de l'autel

L'autel est en effet un lieu d'adoration. C'est un lieu où l'homme entre en alliance avec le divin ; c'est un lieu où des sacrifices sont faits aux dieux. C'est le pont entre le spirituel et le physique, entre l'invisible et le visible.

Références bibliques : **Genèse 22:9-19**

9 Lorsqu'ils furent arrivés au lieu que Dieu lui avait dit, Abraham y éleva un autel, et rangea le bois. Il lia son fils Isaac, et le mit sur l'autel, par-dessus le bois.

10 Puis Abraham étendit la main, et prit le couteau, pour égorger son fils.

11 Alors l'ange de l'Eternel l'appela des cieux, et dit : Abraham ! Abraham ! Et il répondit : Me voici !

12 L'ange dit : N'avance pas ta main sur l'enfant, et ne lui fais rien ; car je sais maintenant que tu crains Dieu, et que tu ne m'as pas refusé ton fils, ton unique.

13 Abraham leva les yeux, et vit derrière lui un bélier retenu dans un buisson par les cornes ; et Abraham alla prendre le bélier, et l'offrit en holocauste à la place de son fils.

14 Abraham donna à ce lieu le nom de Jehova-Jiré. C'est pourquoi l'on dit aujourd'hui: A la montagne de l'Eternel il sera pourvu.

15 L'ange de l'Eternel appela une seconde fois Abraham des cieux,

16 et dit : Je le jure par moi-même, parole de l'Eternel ! Parce que tu as fait cela, et que tu n'as pas refusé ton fils, ton fils unique,

17 je te bénirai et je multiplierai ta postérité, comme les étoiles du ciel et comme le sable qui est sur le bord de la mer ; et ta postérité possédera la porte de ses ennemis.

18 Toutes les nations de la terre seront bénies en ta postérité, parce que tu as obéi à ma voix.

L'autel n'a, en lui-même, aucune valeur spirituelle, aussi longtemps qu'une offrande ou un sacrifice n'y a pas été présenté(e). Le sacrifice est une offrande soit d'animal, soit un objet de grande valeur, soit de quelque chose de précieux, à une divinité ou à des divinités. Le but du sacrifice est d'obtenir le pardon, la protection, l'intervention, la justification, la purification, l'apaisement, la solution à un problème, une bénédiction, une faveur ou en vue d'établir une alliance.

C'est le sacrifice ou l'offrande qui parle en faveur de celui qui l'offre à la divinité qui l'a reçu. Le sacrifice est la voix de l'autel et l'autel nous établit dans une alliance qui ne peut être révoquée que par une alliance supérieure.

Juges 6 :25-26

25 Dans la même nuit, l'Eternel dit à Gédéon: Prends le jeune taureau de ton père, et un second taureau de sept ans. Renverse l'autel de Baal qui est à ton père, et abats le pieu sacré qui est dessus.

26 Tu bâtiras ensuite et tu disposeras, sur le haut de ce rocher, un autel à l'Eternel ton Dieu. Tu prendras le second taureau, et tu offriras un holocauste, avec le bois de l'idole que tu auras abattue.

Gloire soit rendue à Dieu ! En Jésus Christ notre Seigneur et sauveur, nous avons une alliance plus excellente, établie non avec le sang des animaux, mais avec le précieux sang du fils unique du Dieu vrai et vivant.

Par cette Alliance, nous avons le pouvoir et l'autorité de détruire toutes autres alliances illégales qui encombrent nos vies.

Alléluia !

Hébreux 8 :6

Mais maintenant il a obtenu un ministère d'autant supérieur qu'il est le médiateur d'une alliance plus excellente, qui a été établie sur de meilleures promesses.

Hébreux 9:12-14

12 et il est entré une fois pour toutes dans le lieu très saint, non avec le sang des boucs et des veaux, mais avec son propre sang, ayant obtenu une rédemption éternelle.

13 Car si le sang des taureaux et des boucs, et la cendre d'une vache, répandue sur ceux qui sont souillés, sanctifient et procurent la pureté de la chair,

14 combiens plus le sang de Christ, qui, par un esprit éternel, s'est offert lui-même sans tache à Dieu, ne purifiera-t-il votre conscience des œuvres mortes, afin que vous serviez le Dieu vivant!

Hébreux 7:22

Jésus est par cela même le garant d'une alliance plus excellente.

PRIERE
POUR DETRUIRE LES AUTELS SATANIQUES

Au nom de Jésus, je détruis tout autel ancestral qui parle contre ma destinée.

Vous, autels étrangers, écoutez ma voix: je vous ordonne de cesser de parler contre ma vie.

Je brise toute alliance qui opère dans ma vie à cause des anciens autels dans la maison de mon père. Vous, autels de mes pères, soyez détruits, au nom de Jésus!

Toi, autel de pauvreté, sois détruit par le feu, au nom de Jésus!

Toi, autel du divorce, sois détruit, au nom de Jésus!

Toi, autel qui parle contre mon mariage, je te détruis par le feu, au nom de Jésus!

Toi, autel de sorcellerie, je t'ordonne de cesser de parler contre ma vie, au nom de Jésus!

Toi, autel de mon village, cesse tes activités dans ma vie, au nom de Jésus!

Vous, autels de la lignée de mon père, je brise votre emprise dans ma vie, au nom de Jésus!

Vous, autels de la lignée de ma mère, soyez détruits par le feu, au nom de Jésus!

Toi, autel de mort précoce, venant de la lignée de mon père, sois détruit par le feu, au nom de Jésus!

Toi, autel de stérilité, sois détruit par le feu!

Toi, autel de maladie héréditaire, sois détruit, au nom de Jésus!

Toi, autel de lutte et de limitation, sois détruit, au nom de

Jésus!

Au nom de Jésus, je vous détruis, vous autels de la honte et du déshonneur dans ma famille.

Je refuse de rester une victime des autels étrangers dans la maison de mon père, au nom de Jésus!

Tout esprit mandaté dans ma vie à cause des autels dans la maison de mon père, écoute ma voix : ta mission dans ma vie est terminée à compter de maintenant, au nom de Jésus!

Toi, autel qui me bloque l'accès au niveau supérieur de ma vie, sois détruit, au nom de Jésus!

Vous, autels démoniaques qui parlez contre les enfants de mon père, je vous détruis, au nom de Jésus!

Vous, autels étrangers qui parlez contre les enfants de ma mère, je vous détruis, au nom de Jésus!

Toi, autel qui parle contre mon succès académique, sois détruit, au nom de Jésus!

Toi, autel étranger contre mon progrès dans la vie, sois détruit par le feu, au nom de Jésus!

Vous, autels, qui parlez contre ma prospérité, soyez détruits, au nom de Jésus!

Vous, autels démoniaques, qui parlez contre mes finances, soyez détruits par le feu, au nom de Jésus!

Au nom de Jésus, je libère ma destinée embrigadée dans tout autel démoniaque de mes ancêtres.

Tout autel démoniaque que j'ai érigé moi-même à la recherche d'une solution, et qui opère contre moi aujourd'hui, je te commande de te briser, au nom de Jésus !

Seigneur, accorde-moi la grâce de t'obéir maintenant, au nom de Jésus!

Par l'onction du Saint-Esprit, j'érige un nouvel autel pour ma vie.

Au nom de Jésus, je présente mon sacrifice sur le nouvel autel.

Chapitre 10
PRIERES POUR DETRUIRE LES FORTERESSES SPIRITUELLES

Ephésiens 6 :12

Car nous n'avons pas à lutter contre la chair et le sang, mais contre les dominations, contre les autorités, contre les princes de ce monde de ténèbres, contre les esprits méchants dans les lieux célestes.

2Corinthiens 10 :3-5

3 Si nous marchons dans la chair, nous ne combattons pas selon la chair.

4 Car les armes avec lesquelles nous combattons ne sont pas charnelles ; mais elles sont puissantes, par la vertu de Dieu, pour renverser des forteresses.

5 Nous renversons les raisonnements et toute hauteur qui s'élève contre la connaissance de Dieu, et nous amenons toute pensée captive à l'obéissance de Christ.

Hébreux 4 :12

Car la parole de Dieu est vivante et efficace, plus tranchante qu'une épée quelconque à deux tranchants, pénétrante jusqu'à partager âme et esprit, jointures et moelles ; elle juge les sentiments et les pensées du cœur.

10.1
PRIERES

POUR DETRUIRE

LES FORTERESSES ANCESTRALES

Au Nom de Jésus et par la puissance du Saint Esprit, je détruis toutes les alliances ancestrales avec le Dieu de ma famille.

Au Nom de Jésus et par la puissance du Saint Esprit, je détruis toutes les alliances ancestrales avec le Dieu de mon ethnie.

Au Nom de Jésus et par la puissance du Saint Esprit, je détruis toutes consécrations au Dieu de mon premier ancêtre, de ma famille, de mon ethnie ou de mon pays.

Je révoque toutes malédictions générationnelles causées par l'idolâtrie et les pratiques occultes. Je lie tous les esprits derrières ces malédictions et les renvoie loin de ma vie.

Au Nom de Jésus et par la puissance du Saint Esprit, je détruis toutes les alliances parentales avec les mauvais esprits.

Par la décision de ma libre volonté, je détruis toutes alliances aux mauvais esprits.

Je rejette et expulse définitivement de ma vie tous les mauvais esprits qui ont eu accès à ma vie au travers de mes parents.

Au Nom de Jésus et par la puissance du Saint Esprit, je lie et chasse tous les mauvais esprits causant les évènements négatifs dans ma famille.

Au Nom de Jésus et par la puissance du Saint Esprit, je détruis toutes malédictions parentales sur ma vie et je chasse tous les mauvais esprits faisant agir ses malédictions.

Au Nom de Jésus et par la puissance du Saint Esprit, je lie et chasse définitivement de ma vie les esprits de pauvreté, de souffrances, de lutte, de blocage, de non accomplissement, de retard, de limitation et d'échec dans ma vie et dans ma famille.

Au Nom de Jésus et par la puissance du Saint Esprit, je lie et chasse l'esprit de divorce, de séparation et de célibat dans ma vie et ma famille.

Oh Seigneur ! Par le feu du Saint Esprit, je détruis la puissance de la sorcellerie dans ma famille.

Je déconnecte ma vie de l'homme fort de ma famille.

Je coupe ma branche de l'arbre généalogique de ma famille.

J'efface mon nom du registre spirituel ancestral de ma famille.

Au Nom puissant de Jésus et par la puissance du Saint Esprit, je détruis tous les autels démoniaques et les fondations sataniques de ma famille.

Je commande à tous les mauvais esprits qui sont entrés dans ma vie au travers des autels sataniques de lâcher leur emprise sur ma vie et de partir maintenant, au Nom puisant de Jésus.

10.2
PRIERES
POUR DETRUIRE
LES FORTERESSES PERSONNELLES

Au Nom de Jésus, je lie et chasse tous les mauvais esprits qui sont entrés dans ma vie à cause des endroits où je suis allé à la recherche de solution.

Par la décision de ma propre volonté, je détruis toutes les alliances passées avec des dieux étrangers.

Je détruis toutes consécrations aux esprits étrangers.

Au Nom de Jésus, je révoque toutes malédictions sur ma vie causées par l'idolâtrie.

Je lie et chasse tous les esprits qui sont entrés dans ma vie au travers de la consultation des devins, des féticheurs, des marabouts et des occultistes.

Au Nom puissant de Jésus, je détruis tout pouvoir ou toute puissance qui agit dans ma vie à cause des incisions sur mon corps.

Je détruis le pouvoir des incantations contre ma vie.

Je détruis le pouvoir des enchantements et des concoctions que j'ai pris.

J'ouvre tous les cadenas par lesquels j'ai enfermé ma vie et ma destinée.

Je détruis le pouvoir derrière les sacrifices que j'ai faits dans les carrefours, sous les arbres et au bord de l'eau.

Au nom puissant de Jésus, je détruis toutes les alliances de sang faites avec mon propre sang ou le sang d'un animal.

Je détruis toute puissance qui est entrée dans ma vie au travers des bougies, huile d'onction, eau bénite ou bain au bord de la mer, des rivières ou d'un quelconque cours d'eau par de faux prophètes.

Je détruis tout esprit qui est entré dans ma vie par le péché sexuel.

Par la décision de ma propre volonté, je détruis tout lien de l'âme avec les divers partenaires sexuels que j'ai eu et je chasse ces esprits loin de ma vie.

Je détruis l'esprit de la déchirure causée par l'adultère.

Je détruis toute malédiction liée à l'inceste.

Je lie l'esprit d'inceste et le chasse de ma vie et ma famille.

Je détruis toute puissance qui agit dans ma vie à cause des vœux ou des engagements pris avec quelqu'un dans le passé.

Je détruis toutes puissances agissant derrière les rituels que j'ai faits dans les cimetières, au bord des rivières ou dans les forêts.

Je détruis toutes puissances agissant derrière tous les sacrifices et rituels faits avec les œufs dans divers lieux de consultation et dans les carrefours.

Je libère ma vie de leur influence.

10.3
PRIERES
POUR DETRUIRE
LES FORTERESSES DE L'OCCULTISME

Par le feu du Saint Esprit, je détruis toutes les alliances avec l'occultisme, je lie et je chasse tous les mauvais esprits derrière ces alliances.

Je lie et chasse l'esprit d'avortement qui avorte mes rêves, mes visions et mes objectifs au moment du succès.

Je détruis toute alliance de mort sur ma vie.

Je lie et chasse l'esprit de mort loin de ma vie.

Je lie et chasse l'esprit de suicide.

10.4
PRIERES
POUR DETRUIRE
LE POUVOIR DES ESPRITS SUIVANTS ET LES CHASSER.

Je lis et chasse l'esprit d'avortement.

Je lis et chasse l'esprit de colère.

Je lis et chasse l'esprit de régression.

Je lis et chasse l'esprit d'amertume.

Je lie et chasse l'esprit de dépravation.

Je lie et chasse l'esprit de déception.

Je lie et chasse l'esprit de défaveur.

Je lie et chasse l'esprit de mort.
Je lie et chasse l'esprit d'insuffisance financière.
Je lie et chasse l'esprit de haine.
Je lie et chasse l'esprit d'infirmité.
Je lie et chasse l'esprit d'insomnie.
Je lie et chasse l'esprit d'inconsistance.
Je lie et chasse l'esprit de limitation.
Je lie et chasse l'esprit de paresse.
Je lie et chasse l'esprit de non-accomplissement.
Je lie et chasse l'esprit de contrôle de la pensée.
Je lie et chasse l'esprit d'orgueil.
Je lie et chasse l'esprit de pauvreté.
Je lie et chasse l'esprit de rejet.
Je lie et chasse l'esprit de stérilité et d'improductivité.
Je lie et chasse l'esprit de manque de pardon.
Je lie et chasse l'esprit de sécheresse.
Je lie et chasse l'esprit de vengeance.

Chapitre 11
PAROLES POUR FORTIFIER LA FOI

Psaume 119 :105 Ta parole est une lampe à mes pieds, Et une lumière sur mon sentier.

1Jean 5 : 11 Et voici ce témoignage, c'est que Dieu nous a donné la vie éternelle, et que cette vie est dans son Fils.

12 Celui qui a le Fils a la vie ; celui qui n'a pas le Fils de Dieu n'a pas la vie.

13 Je vous ai écrit ces choses, afin que vous sachiez que vous avez la vie éternelle, vous qui croyez au nom du Fils de Dieu.

14 Nous avons auprès de lui cette assurance, que si nous demandons quelque chose selon sa volonté, il nous écoute.

15 Et si nous savons qu'il nous écoute, quelque chose que nous demandions, nous savons que nous possédons la chose que nous lui avons demandée.

Ephésiens 3 : 8 A moi, qui suis le moindre de tous les saints, cette grâce a été accordée d'annoncer aux païens les richesses incompréhensibles de Christ,

9 et de mettre en lumière quelle est la dispensation du mystère caché de tout temps en Dieu qui a créé toutes choses,

10 afin que les dominations et les autorités dans les lieux célestes connaissent aujourd'hui par l'Eglise la sagesse infiniment variée de Dieu,

11 selon le dessein éternel qu'il a mis à exécution par Jésus Christ notre Seigneur,

12 en qui nous avons, par la foi en lui, la liberté de nous approcher de Dieu avec confiance.

Psaume 27 :14 Espère en l'Eternel ! Fortifie-toi et que ton cœur s'affermisse ! Espère en l'Eternel !

Psaume 37 :4 Fais de l'Eternel tes délices, Et il te donnera ce que ton cœur désire.

5 Recommande ton sort à l'Eternel, Mets en lui ta confiance, et il agira.

6 Il fera paraître ta justice comme la lumière, Et ton droit comme le soleil à son midi.

7 Garde le silence devant l'Eternel, et espère en lui ; Ne t'irrite pas contre celui qui réussit dans ses voies, Contre l'homme qui vient à bout de ses mauvais desseins.

8 Laisse la colère, abandonne la fureur ; ne t'irrite pas, ce serait mal faire.

Psaume 55 : 22 Remets ton sort à l'Eternel, et il te soutiendra, Il ne laissera jamais chanceler le juste.

1Pierre 5 : 7 et déchargez-vous sur lui de tous vos soucis, car lui-même prend soin de vous.

Jérémie 33 : 3 Invoque-moi, et je te répondrai ; Je t'annoncerai de grandes choses, des choses cachées, Que tu ne connais pas.

Philippines 4 : 6 Ne vous inquiétez de rien ; mais en toute chose faites connaître vos besoins à Dieu par des prières et des supplications, avec des actions de grâces.

7 Et la paix de Dieu, qui surpasse toute intelligence, gardera vos cœurs et vos pensées en Jésus-Christ.

8 Au reste, frères, que tout ce qui est vrai, tout ce qui est honorable, tout ce qui est juste, tout ce qui est pur, tout ce qui est aimable, tout ce qui mérite l'approbation, ce qui est vertueux et digne de louange, soit l'objet de vos pensées ».

Jean 17 : 6 Ne vous inquiétez de rien ; mais en toute chose faites connaître vos besoins à Dieu par des prières et des supplications, avec des actions de grâces.

7 Et la paix de Dieu, qui surpasse toute intelligence, gardera vos cœurs et vos pensées en Jésus-Christ.

8 Au reste, frères, que tout ce qui est vrai, tout ce qui est honorable, tout ce qui est juste, tout ce qui est pur, tout ce qui est aimable, tout ce qui mérite l'approbation, ce qui est vertueux et digne de louange, soit l'objet de vos pensées.

Esaïe 26 : 3 A celui qui est ferme dans ses sentiments Tu assures la paix, la paix, Parce qu'il se confie en toi.

4 Confiez-vous en l'Eternel à perpétuité, car l'Eternel, l'Eternel est le rocher des siècles.

Psaume 91 : 1 Celui qui demeure sous l'abri du Très-Haut Repose à l'ombre du Tout Puissant.

Proverbes 14 : 26 Celui qui craint l'Eternel possède un appui ferme, Et ses enfants ont un refuge auprès de lui.

27 La crainte de l'Eternel est une source de vie, Pour détourner des pièges de la mort.

Psaume 52 : 8 Et moi, je suis dans la maison de Dieu comme un olivier verdoyant, Je me confie dans la bonté de Dieu, éternellement et à jamais.

9 Je te louerai toujours, parce que tu as agi ; et je veux espérer en ton nom, parce qu'il est favorable, en présence de tes fidèles.

Jean 14 : 27 Je vous laisse la paix, je vous donne ma paix. Je ne vous donne pas comme le monde donne. Que votre cœur ne se trouble point, et ne s'alarme point.

Jean 14 : 1 Que votre cœur ne se trouble point. Croyez en Dieu, et croyez en moi.

Tite 1 : 4 à Tite, mon enfant légitime en notre commune foi : que la grâce et la paix te soient données de la part de Dieu le Père et de Jésus-Christ notre Sauveur !

2 Corinthiens 1 : 2 que la grâce et la paix vous soient données de la part de Dieu notre Père et du Seigneur Jésus-Christ !

3 Béni soit Dieu, le Père de notre Seigneur Jésus-Christ, le Père des miséricordes et le Dieu de toute consolation,

4 qui nous console dans toutes nos afflictions, afin que, par la consolation dont nous sommes l'objet de la part de Dieu, nous puissions consoler ceux qui se trouvent dans quelque affliction !

Psaume 86 : 1 Prière de David. Eternel, prête l'oreille, exaucemoi ! Car je suis malheureux et indigent.

2 Garde mon âme, car je suis pieux ! Mon Dieu, sauve ton serviteur qui se confie en toi !

3 Aie pitié de moi, Seigneur ! Car je crie à toi tout le jour.

4 Réjouis l'âme de ton serviteur, car à toi, Seigneur, j'élève mon âme.

5 Car tu es bon, Seigneur, tu pardonnes, tu es plein d'amour pour tous ceux qui t'invoquent.

6 Eternel, prête l'oreille à ma prière, sois attentif à la voix de mes supplications !

7 Je t'invoque au jour de ma détresse, car tu m'exauces.

8 Nul n'est comme toi parmi les dieux, Seigneur, et rien ne ressemble à tes œuvres.

9 Toutes les nations que tu as faites viendront se prosterner devant ta face, Seigneur, et rendre gloire à ton nom.

10 Car tu es grand, et tu opères des prodiges ; toi seul, tu es Dieu.

Proverbes 12 : 21 Aucun malheur n'arrive au juste, mais les méchants sont accablés de maux.

Luc 12 : 32 Ne crains point, petit troupeau ; car votre Père a trouvé bon de vous donner le royaume.

Esaïe 41 : 10 Ne crains rien, car je suis avec toi ; ne promène pas des regards inquiets, car je suis ton Dieu ; je te fortifie, je viens à ton secours, Je te soutiens de ma droite triomphante.

11 Voici, ils seront confondus, ils seront couverts de honte, Tous ceux qui sont irrités contre toi ; ils seront réduits à rien, ils périront, ceux qui disputent contre toi.

12 Tu les chercheras, et ne les trouveras plus, ceux qui te suscitaient querelle ; Ils seront réduits à rien, réduits au néant, Ceux qui te faisaient la guerre.

Esaïe 43 : 1 Ainsi parle maintenant l'Eternel, qui t'a créé, ô Jacob ! Celui qui t'a formé, ô Israël ! Ne crains rien, car je te rachète, Je t'appelle par ton nom : tu es à moi !

2 Si tu traverses les eaux, je serai avec toi ; Et les fleuves, ils ne te submergeront point ; Si tu marches dans le feu, tu ne te brûleras pas, Et la flamme ne t'embrasera pas.

3 Car je suis l'Eternel, ton Dieu, Le Saint d'Israël, ton sauveur ; Je donne l'Egypte pour ta rançon, l'Ethiopie et Saba à ta place.

4 Parce que tu as du prix à mes yeux, parce que tu es honoré et que je t'aime, je donne des hommes à ta place, et des peuples pour ta vie.

Esaïe 40 : 11 Comme un **berger**, il paîtra son troupeau, Il prendra les agneaux dans ses bras, Et les portera dans son sein ; Il conduira les brebis qui allaitent.

Jean 10 : 11 Je suis le bon berger. Le bon berger donne sa vie pour ses brebis.

14 Je suis le bon berger. (10-14) Je connais mes brebis, et elles me connaissent,

27 Mes brebis entendent ma voix ; je les connais, et elles me suivent.

28 Je leur donne la vie éternelle ; et elles ne périront jamais, et personne ne les ravira de ma main.

29 Mon Père, qui me les a données, est plus grand que tous ; et personne ne peut les ravir de la main de mon Père. »

Psaume 23 : 1 Cantique de David. L'Eternel est mon berger:

je ne manquerai de rien.

2 Il me fait reposer dans de verts pâturages, Il me dirige près des eaux paisibles.

3 Il restaure mon âme, Il me conduit dans les sentiers de la justice, A cause de son nom.

4 Quand je marche dans la vallée de l'ombre de la mort, Je ne crains aucun mal, car tu es avec moi : ta houlette et ton bâton me rassurent.

5 Tu dresses devant moi une table, en face de mes adversaires ; Tu oins d'huile ma tête, et ma coupe déborde.

6 Oui, le bonheur et la grâce m'accompagneront tous les jours de ma vie, et j'habiterai dans la maison de l'Eternel Jusqu'à la fin de mes jours.

Deutéronome 33 : 27 Le Dieu d'éternité est un refuge, Et sous ses bras éternels est une retraite. Devant toi il a chassé l'ennemi, Et il a dit: Extermine.

Psaume 62 : 6 Oui, c'est lui qui est mon rocher et mon salut ; Ma haute retraite : je ne chancellerai pas.

7 Sur Dieu reposent mon salut et ma gloire ; Le rocher de ma force, mon refuge, est en Dieu.

8 En tout temps, peuples, confiez-vous en lui, Répandez vos cœurs en sa présence ! Dieu est notre refuge, — Pause.

9 (62-10) Oui, vanité, les fils de l'homme ! Mensonge, les fils de l'homme ! Dans une balance ils monteraient Tous ensemble, plus légers qu'un souffle.

Ephésiens 2 : 8 Car c'est par la grâce que vous êtes sauvés, par le moyen de la foi. Et cela ne vient pas de vous, c'est le don de Dieu.

Romains 3 : 23 Car tous ont péché et sont privés de la gloire de Dieu ;

24 et ils sont gratuitement justifiés par sa grâce, par le moyen de la rédemption qui est en Jésus-Christ.

25 C'est lui que Dieu a destiné, par son sang, à être, pour ceux qui croiraient victime propitiatoire, afin de montrer sa justice, parce qu'il avait laissé impunis les péchés commis auparavant, au temps de sa patience, afin, dis-je,

26 de montrer sa justice dans le temps présent, de manière à être juste tout en justifiant celui qui a la foi en Jésus.

Michée 7 : 7 Pour moi, je regarderai vers l'Eternel, Je mettrai mon espérance dans le Dieu de mon salut ; Mon Dieu m'exaucera.

Lamentations de Jérémie 3 : 21 Voici ce que je veux repasser en mon cœur, Ce qui me donnera de l'espérance.

22 Les bontés de l'Eternel ne sont pas épuisées, ses compassions ne sont pas à leur terme ;

23 Elles se renouvellent chaque matin. Oh ! Que ta fidélité est grande !

24 L'Eternel est mon partage, dit mon âme ; c'est pourquoi je veux espérer en lui.

25 L'Eternel a de la bonté pour qui espère en lui, pour l'âme qui le cherche.

26 Il est bon d'attendre en silence le secours de l'Eternel.

Chapitre 12
LES PROMESSES BIBLIQUES POUR LA FAMILLE CHRETIENNE

12.1
Les Bénédictions pour Votre Foyer

Deutéronome 4:40
Et observe ses lois et ses commandements que je te prescris aujourd'hui, afin que tu sois heureux, toi et tes enfants après toi, et que tu prolonges désormais tes jours dans le pays que l'Eternel, ton Dieu, te donne.

Deutéronome 11:18-21
Mettez dans votre cœur et dans votre âme ces paroles que je vous dis. Vous les lierez comme un signe sur vos mains, et elles seront comme des fronteaux entre vos yeux.

Vous les enseignerez à vos enfants, et vous leur en parlerez quand tu seras dans ta maison, quand tu iras en voyage, quand tu te coucheras et quand tu te lèveras.

Tu les écriras sur les poteaux de ta maison et sur tes portes.

Et alors vos jours et les jours de vos enfants, dans le pays que l'Eternel a juré à vos pères de leur donner, seront aussi nombreux que les jours des cieux le seront au-dessus de la terre.

Deutéronome 26:11
Puis tu te réjouiras, avec le Lévite et avec l'étranger qui sera au milieu de toi,

Pour tous les biens que l'Eternel, ton Dieu, t'a donnés, à toi et à ta maison.

Deutéronome 28:8

L'Eternel ordonnera à la bénédiction d'être avec toi dans tes greniers et dans toutes tes entreprises. Il te bénira dans le pays que l'Eternel, ton Dieu, te donne.

Josué1: 7-8

Fortifie-toi seulement et aie bon courage, en agissant fidèlement selon toute la loi que Moïse, mon serviteur, t'a prescrite; ne t'en détourne ni à droite ni à gauche, afin de réussir dans tout ce que tu entreprendras.

Que ce livre de la loi ne s'éloigne point de ta bouche; médite-le jour et nuit, pour agir fidèlement selon tout ce qui y est écrit; car c'est alors que tu auras du succès dans tes entreprises, c'est alors que tu réussiras.

Josué 24:15

Et si vous ne trouvez pas bon de servir l'Eternel, choisissez aujourd'hui qui vous voulez servir, ou les dieux que servaient vos pères au delà du fleuve, ou les dieux des Amoréens dans le pays desquels vous habitez. Moi et ma maison, nous servirons l'Eternel.

Psaume 4:8

Je me couche et je m'endors en paix, Car toi seul, ô Eternel! Tu me donnes la sécurité dans ma demeure.

Psaume 91:10

Aucun malheur ne t'arrivera, Aucun fléau n'approchera de ta tente.

Psaume 101:2

Je prendrai garde à la voie droite. Quand viendras-tu à moi? Je marcherai dans l'intégrité de mon cœur, Au milieu de ma maison.

Psaume 112:1-3

Louez l'Eternel! Heureux l'homme qui craint l'Eternel, Qui trouve un grand plaisir à ses commandements. Sa postérité sera puissante sur la terre, La génération des hommes droits sera bénie. Il a dans sa maison bien-être et richesse, Et sa justice subsiste à jamais.

Psaume 115:13-14

Il bénira ceux qui craignent l'Eternel, les petits et les grands; L'Eternel vous multipliera ses faveurs, A vous et à vos enfants.

Psaume 122:7

Que la paix soit dans tes murs, Et la tranquillité dans tes palais!

Proverbes 1:33

Mais celui qui m'écoute reposera avec assurance, Il vivra tranquille et sans craindre aucun mal.

Proverbes 3:33

La malédiction de l'Eternel est dans la maison du méchant, Mais il bénit la demeure des justes;

Proverbes 12:7

Renversés, les méchants ne sont plus; Et la maison des

justes reste debout.

Proverbes 13:22
Celui qui méprise la parole se perd, Mais celui qui craint le précepte est   récompense

Proverbes 14:11
La maison des méchants sera détruite, Mais la tente des hommes droits fleurira.

Proverbes 14:26
Celui qui craint l'Eternel possède un appui ferme, Et ses enfants ont un refuge auprès de lui.

Proverbes 15:6
Il y a grande abondance dans la maison du juste, Mais il y a du trouble dans les profits du méchant.

Proverbes 17:6
Les enfants des enfants sont la couronne des vieillards, Et les pères sont la gloire de leurs enfants.

Proverbes 21:20
De précieux trésors et de l'huile sont dans la demeure du sage; Mais l'homme insensé les engloutit.

Proverbes 24: 3-4
C'est par la sagesse qu'une maison s'élève, Et par l'intelligence qu'elle s'affermit;
C'est par la science que les chambres se remplissent De tous les biens précieux et agréables.

Esaïe 54:13

Tous tes fils seront disciples de l'Eternel, Et grande sera la prospérité de tes fils.

Esaïe 59: 21

Voici mon alliance avec eux, dit l'Eternel: Mon esprit, qui repose sur toi, Et mes paroles, que j'ai mises dans ta bouche, Ne se retireront point de ta bouche, ni de la bouche de tes enfants, Ni de la bouche des enfants de tes enfants, Dit l'Eternel, dès maintenant et à jamais.

Actes 2:39

Car la promesse est pour vous, pour vos enfants, et pour tous ceux qui sont au loin, en aussi grand nombre que le Seigneur notre Dieu les appellera.

Actes 16:31

Paul et Sillas répondirent: Crois au Seigneur Jésus, et tu seras sauvé, toi et ta famille.

Ephésiens 4:26-27

Si vous vous mettez en colère, ne péchez point; que le soleil ne se couche pas sur votre colère.

12.2
Le Don du Mariage

Proverbes 5:15

Bois les eaux de ta citerne, Les eaux qui sortent de ton puits.

Cantiques des Cantiques 7:10

Je suis à mon bien-aimé, Et ses désirs se portent vers moi.

Cantiques des Cantiques 8:7

Les grandes eaux ne peuvent éteindre l'amour, Et les fleuves ne le submergeraient pas; Quand un homme offrirait tous les biens de sa maison contre l'amour, Il ne s'attirerait que le mépris.

Marc 10:9

Que l'homme donc ne sépare pas ce que Dieu a joint.

1 Corinthiens 7:14

Car le mari non-croyant est sanctifié par la femme, et la femme non-croyante est sanctifiée par le frère; autrement, vos enfants seraient impurs, tandis que maintenant ils sont saints.

1 Corinthiens 11:3

Jugez-en vous-mêmes: est-il convenable qu'une femme prie Dieu sans être voilée?

1 Corinthiens 13:4-8

La charité est patiente, elle est pleine de bonté; la charité n'est point envieuse; la charité ne se vante point, elle ne s'enfle point d'orgueil, elle ne fait rien de malhonnête, elle ne cherche point son intérêt, elle ne s'irrite point, elle ne soupçonne point le mal, elle ne se réjouit point de l'injustice, mais elle se réjouit de la vérité ; elle excuse tout, elle croit tout, elle espère tout, elle supporte tout.

La charité ne périt jamais. Les prophéties prendront fin, les langues cesseront, la connaissance disparaîtra.

Ephésiens 4:32

Soyez bons les uns envers les autres, compatissants, vous pardonnant réciproquement, comme Dieu vous a pardonné en Christ.

Ephésiens 5:1

Devenez donc les imitateurs de Dieu, comme des enfants bienaimés...

Ephésiens 5:21

Vous soumettant les uns aux autres dans la crainte de Christ

Philippiens 1: 9-11

Et ce que je demande dans mes prières, c'est que votre amour augmente de plus en plus en connaissance et en pleine intelligence, pour le discernement des choses les meilleures, afin que vous soyez purs et irréprochables pour le jour de Christ, remplis du fruit de justice qui est par Jésus-Christ, à la gloire et à la louange de Dieu.

Colossiens 3:14-15

Et que la paix de Christ, à laquelle vous avez été appelés pour former un seul corps, règne dans vos cœurs. Et soyez reconnaissants.

Hébreux 13:4

Que le mariage soit honoré de tous, et le lit conjugal exempt de souillure, car Dieu jugera les impudiques et les adultères.

1 Pierre 3: 8-9

Enfin, soyez tous animés des mêmes pensées et des mêmes sentiments, pleins d'amour fraternel, de compassion, d'humilité.

Ne rendez point mal pour mal, ou injure pour injure; bénissez, au contraire, car c'est à cela que vous avez été appelés, afin d'hériter la bénédiction.

12.3
A propos du Divorce

Malachie 2: 16

Car je hais la répudiation, Dit l'Eternel, le Dieu d'Israël, Et celui qui couvre de violence son vêtement, Dit l'Eternel des armées. Prenez donc garde en votre esprit, Et ne soyez pas infidèles!

Matthieu 19:3-6

Les pharisiens l'abordèrent, et dirent, pour l'éprouver: Est-il permis à un homme de répudier sa femme pour un motif quelconque?

Il répondit : N'avez-vous pas lu que le créateur, au commencement, fit l'homme et la femme et qu'il dit: C'est pourquoi l'homme quittera son père et sa mère, et s'attachera à sa femme, et les deux deviendront une seule chair ?

Ainsi ils ne sont plus deux, mais ils sont une seule chair. Que l'homme donc ne sépare pas ce que Dieu a joint.

1 Corinthiens 7: 10-13

A ceux qui sont mariés, j'ordonne, non pas moi, mais le Seigneur, que la femme ne se sépare point de son mari, si elle est séparée, qu'elle demeure sans se marier ou qu'elle se réconcilie avec son mari, et que le mari ne répudie point sa femme.

Aux autres, ce n'est pas le Seigneur, c'est moi qui dis: Si un frère a une femme non-croyante, et qu'elle consente à habiter avec lui, qu'il ne la répudie point;
Et si une femme a un mari non-croyant, et qu'il consente à habiter avec elle, qu'elle ne répudie point son mari.

1 Corinthiens 7:15-16

Si le non-croyant se sépare, qu'il se sépare; le frère ou la sœur ne sont pas liés dans ces cas-là. Dieu nous a appelés à vivre en paix.
Car que sais-tu, femme, si tu sauveras ton mari? Ou que sais-tu, mari, si tu sauveras ta femme?

12.4
Les Epoux et Les Pères

a) Les Epoux
Proverbes 5:18-19

Que ta source soit bénie, Et fais ta joie de la femme de ta jeunesse,

Biche des amours, gazelle pleine de grâce: Sois en tout temps enivré de ses charmes, Sans cesse épris de son amour.

Proverbes 16:7

Quand l'Eternel approuve les voies d'un homme, Il dispose favorablement à son égard même ses ennemis.

Proverbes 18:22

Celui qui trouve une femme trouve le bonheur; C'est une grâce qu'il obtient de l'Eternel.

1 Corinthiens 7:3

Que le mari rende à sa femme ce qu'il lui doit, et que la femme agisse de même envers son mari.

Ephésiens 5:25

Que le mari rende à sa femme ce qu'il lui doit, et que la femme agisse de même envers son mari.

Colossiens 3:19

Maris, aimez vos femmes, et ne vous aigrissez pas contre elles.

1 Timothée 2:8

Nous aurions voulu, dans notre vive affection pour vous, non seulement vous donner l'Evangile de Dieu, mais encore nos propres vies, tant vous nous étiez devenus chers.

1 Timothée 5:8

Mais nous qui sommes du jour, soyons sobres, ayant revêtu la cuirasse de la foi et de la charité, et ayant pour casque l'espérance du salut.

1Pierre 3: 7

Maris, montrez à votre tour de la sagesse dans vos rapports avec vos femmes, comme avec un sexe plus faible; honorez-les, comme devant aussi hériter avec vous de la grâce de la vie. Qu'il en soit ainsi, afin que rien ne vienne faire obstacle à vos prières.

b) La Paternité

Psaume 112:2

Sa postérité sera puissante sur la terre, La génération des hommes droits sera bénie.

Psaume 127:3-5
Voici, des fils sont un héritage de l'Eternel, Le fruit des entrailles est une récompense.

Psaume 128:1
Heureux tout homme qui craint l'Eternel, Qui marche dans ses voies.

Proverbes 13:22
L'homme de bien a pour héritiers les enfants de ses enfants, Mais les richesses du pécheur sont réservées pour le juste.

Proverbes 19:14
On peut hériter de ses pères une maison et des richesses, Mais une femme intelligente est un don de l'Eternel.

Proverbes 20:7
Le juste marche dans son intégrité; Heureux ses enfants après lui!

Esaïe 38:19
Le vivant, le vivant, c'est celui-là qui te loue, Comme moi aujourd'hui; Le père fait connaître à ses enfants ta fidélité.

Ephésiens 6:4
Et vous, pères, n'irritez pas vos enfants, mais élevez-les en les corrigeant et en les instruisant selon le Seigneur.

Colossiens 3:21

Et vous, pères, n'irritez pas vos enfants, mais élevez-les en les corrigeant et en les instruisant selon le Seigneur.

1 Timothée 3:4

Et lorsque nous étions auprès de vous, nous vous annoncions d'avance que nous serions exposés à des tribulations, comme cela est arrivé, et comme vous le savez.

12.5
Les Epouses et les Mères

a) Les Epouses

Proverbes 11:16

Une femme qui a de la grâce obtient la gloire, Et ceux qui ont de la force obtiennent la richesse.

Proverbes 12:4

Une femme vertueuse est la couronne de son mari, Mais celle qui fait honte est comme la carie dans ses os.

Proverbes 14:1

La femme sage bâtit sa maison, Et la femme insensée la renverse de ses propres mains.

1 Corinthiens 7:3

Que le mari rende à sa femme ce qu'il lui doit, et que la femme agisse de même envers son mari.

Ephésiens 5:22

Femmes, soyez soumises à vos maris, comme au Seigneur;

Ephésiens 5:33
Du reste, que chacun de vous aime sa femme comme lui-même, et que la femme respecte son mari.

Colossiens 3:18
Femmes, soyez soumises à vos maris, comme il convient dans le Seigneur.

1 Pierre 3:1- 5
Femmes, soyez de même soumises à vos maris, afin que, si quelques-uns n'obéissent point à la parole, ils soient gagnés sans parole par la conduite de leurs femmes, en voyant votre manière de vivre chaste et réservée.

Ayez, non cette parure extérieure qui consiste dans les cheveux tressés, les ornements d'or, ou les habits qu'on revêt, mais la parure intérieure et cachée dans le cœur, la pureté incorruptible d'un esprit doux et paisible, qui est d'un grand prix devant Dieu.

Ainsi se paraient autrefois les saintes femmes qui espéraient en Dieu, soumises à leurs maris,

b) La Maternité

Psaume 147:13
Car il affermit les barres de tes portes, Il bénit tes fils au milieu de toi.

Proverbes 31:10-31
Ne calomnie pas un serviteur auprès de son maître, De peur qu'il ne te maudisse et que tu ne te rendes coupable.

Il est une race qui maudit son père, Et qui ne bénit point sa mère.

Il est une race qui se croit pure, Et qui n'est pas lavée de sa souillure.

Il est une race dont les yeux sont hautains, Et les paupières élevées.

Il est une race dont les dents sont des glaives Et les mâchoires des couteaux, Pour dévorer le malheureux sur la terre Et les indigents parmi les hommes.

La sangsue a deux filles : Donne ! Donne ! Trois choses sont insatiables, Quatre ne disent jamais : Assez!

Le séjour des morts, la femme stérile, La terre, qui n'est pas rassasiée d'eau, Et le feu, qui ne dit jamais: Assez!

L'œil qui se moque d'un père Et qui dédaigne l'obéissance envers une mère, Les corbeaux du torrent le perceront, Et les petits de l'aigle le mangeront.

Il y a trois choses qui sont au-dessus de ma portée, Même quatre que je ne puis comprendre:

La trace de l'aigle dans les cieux, La trace du serpent sur le rocher, La trace du navire au milieu de la mer, Et la trace de l'homme chez la jeune femme.

Telle est la voie de la femme adultère: Elle mange, et s'essuie la bouche, Puis elle dit: Je n'ai point fait de mal.

Trois choses font trembler la terre, Et il en est quatre qu'elle ne peut supporter:

Un esclave qui vient à régner, Un insensé qui est rassasié de pain,

Une femme dédaignée qui se marie, Et une servante qui hérite de sa maîtresse.

Il y a sur la terre quatre animaux petits, Et cependant des plus sages;

Les fourmis, peuple sans force, Préparent en été leur nourriture;

Les damans, peuple sans puissance, Placent leur demeure dans les rochers;

Les sauterelles n'ont point de roi, Et elles sortent toutes par divisions;

Le lézard saisit avec les mains, Et se trouve dans les palais des rois.

Il y en a trois qui ont une belle allure, Et quatre qui ont une belle démarche:

Le lion, le héros des animaux, Ne reculant devant qui que ce soit;

Le cheval tout équipé; ou le bouc; Et le roi à qui personne ne résiste.

Titus 2: 3-5

Dis que les femmes âgées doivent aussi avoir l'extérieur qui convient à la sainteté, n'être ni médisantes, ni adonnées au vin; qu'elles doivent donner de bonnes instructions, dans le but d'apprendre aux jeunes femmes à aimer leurs maris et leurs enfants, à être retenues, chastes, occupées aux soins domestiques, bonnes, soumises à leurs maris, afin que la parole de Dieu ne soit pas blasphémée.

12.6
La Conception des Enfants

Genèse 18:14

Y a-t-il rien qui soit étonnant de la part de l'Eternel? Au temps fixé je reviendrai vers toi, à cette même époque; et Sara aura un fils.

Exode 23:26

Il n'y aura dans ton pays ni femme qui avorte, ni femme stérile. Je remplirai le nombre de tes jours

Deutéronome 7:13-14

Il t'aimera, il te bénira et te multipliera; il bénira le fruit de tes entrailles et le fruit de ton sol, ton blé, ton moût et ton huile, les portées de ton gros et de ton menu bétail, dans le pays qu'il a juré à tes pères de te donner.

Tu seras béni plus que tous les peuples; il n'y aura chez toi ni homme ni femme stérile, ni bête stérile parmi tes troupeaux.

Deutéronome 28:11

L'Eternel te comblera de biens, en multipliant le fruit de tes entrailles, le fruit de tes troupeaux et le fruit de ton sol, dans le pays que l'Eternel a juré à tes pères de te donner.

1 Samuel 1:27-28

C'était pour cet enfant que je priais, et l'Eternel a exaucé la prière que je lui adressais.

Aussi je veux le prêter à l'Eternel: il sera toute sa vie prêté à l'Eternel. Et ils se prosternèrent là devant l'Eternel.

Psaume 113:9

Il donne une maison à celle qui était stérile, Il en fait une mère joyeuse au milieu de ses enfants. Louez l'Eternel!

Luc 1: 36

Voici, Elisabeth, ta parente, a conçu, elle aussi, un fils en sa vieillesse, et celle qui était appelée stérile est dans son sixième mois.

Hébreux 11:11

C'est par la foi que Sara elle-même, malgré son âge avancé, fut rendue capable d'avoir une postérité, parce qu'elle crut à la fidélité de celui qui avait fait la promesse.

12.7
L'Education des enfants selon la voie divine

Genèse 18:19

Car je l'ai choisi, afin qu'il ordonne à ses fils et à sa maison après lui de garder la voie de l'Eternel, en pratiquant la droiture et la justice, et qu'ainsi l'Eternel accomplisse en faveur d'Abraham les promesses qu'il lui a faites...

Deutéronome 4: 9-10

Seulement, prends garde à toi et veille attentivement sur ton âme, tous les jours de ta vie, de peur que tu n'oublies les choses que tes yeux ont vues, et qu'elles ne sortent de ton cœur; enseigne-les à tes enfants et aux enfants de tes enfants.

Souviens-toi du jour où tu te présentas devant l'Eternel, ton Dieu, à Horeb, lorsque l'Eternel me dit: Assemble auprès de moi le peuple! Je veux leur faire entendre mes paroles, afin qu'ils apprennent à me craindre tout le temps qu'ils vivront sur la terre; et afin qu'ils les enseignent à leurs enfants.

Deutéronome 6: 6-7

Et ces commandements, que je te donne aujourd'hui, seront dans ton cœur.

Tu les inculqueras à tes enfants, et tu en parleras quand tu seras dans ta maison, quand tu iras en voyage, quand tu te coucheras et quand tu te lèveras.

Deutéronome 11: 18-21

Mettez dans votre cœur et dans votre âme ces paroles que je vous dis. Vous les lierez comme un signe sur vos mains, et elles seront comme des fronteaux entre vos yeux.

Vous les enseignerez à vos enfants, et vous leur en parlerez quand tu seras dans ta maison, quand tu iras en voyage, quand tu te coucheras et quand tu te lèveras.

Tu les écriras sur les poteaux de ta maison et sur tes portes.

Et alors vos jours et les jours de vos enfants, dans le pays que l'Eternel a juré à vos pères de leur donner, seront aussi nombreux que les jours des cieux le seront au-dessus de la terre.

Proverbes 13: 24

Celui qui ménage sa verge hait son fils, Mais celui qui l'aime cherche à le corriger.

Proverbes 19:18

Châtie ton fils, car il y a encore de l'espérance; Mais ne désire point le faire mourir.

Proverbes 22:6

Instruis l'enfant selon la voie qu'il doit suivre; Et quand il sera vieux, il ne s'en détournera pas.

Proverbes 22:15

La folie est attachée au cœur de l'enfant; La verge de la correction l'éloignera de lui.

Proverbes 23: 13-14

N'épargne pas la correction à l'enfant; Si tu le frappes de la verge, il ne mourra point.

Proverbes 23: 24-25

Le père du juste est dans l'allégresse, Celui qui donne naissance à un sage aura de la joie.

Que ton père et ta mère se réjouissent, Que celle qui t'a

enfanté soit dans l'allégresse!

Proverbes 29:15
La verge et la correction donnent la sagesse, Mais l'enfant livré à lui-même fait honte à sa mère.

Proverbes 29:17
Châtie ton fils, et il te donnera du repos, Et il procurera des délices à ton âme.

Esaïe 44: 3
Car je répandrai des eaux sur le sol altéré, Et des ruisseaux sur la terre desséchée; Je répandrai mon esprit sur ta race, Et ma bénédiction sur tes rejetons.

Esaïe 54:13
Tous tes fils seront disciples de l'Eternel, Et grande sera la prospérité de tes fils.

Malachie 4: 6
Il ramènera le cœur des pères à leurs enfants, Et le cœur des enfants à leurs pères, De peur que je ne vienne frapper le pays d'interdit

12.8
Les Promesses pour les Enfants

Proverbes 4:1
Ecoutez, mes fils, l'instruction d'un père, Et soyez attentifs, pour connaître la sagesse;

Proverbes 6:20

Mon fils, garde les préceptes de ton père, Et ne rejette pas l'enseignement de ta mère.

Proverbes13:1

Un fils sage écoute l'instruction de son père, Mais le moqueur n'écoute pas la réprimande.

Proverbes 15:5

L'insensé dédaigne l'instruction de son père, Mais celui qui a égard à la réprimande agit avec prudence.

Proverbes 20:11

L'enfant laisse déjà voir par ses actions Si sa conduite sera pure et droite.

Proverbes 23:22

Ecoute ton père, lui qui t'a engendré, Et ne méprise pas ta mère, quand elle est devenue vieille.

Proverbes 28:7

Celui qui observe la loi est un fils intelligent, Mais celui qui fréquente les débauchés fait honte à son père.

Matthieu 18:10

Gardez-vous de mépriser un seul de ces petits; car je vous dis que leurs anges dans les cieux voient continuellement la face de mon Père qui est dans les cieux.

Luc 2:40

Or, l'enfant croissait et se fortifiait. Il était rempli de sagesse, et la grâce de Dieu était sur lui.

Ephésiens 6:1-3

Enfants, obéissez à vos parents, selon le Seigneur, car cela est juste.

Honore ton père et ta mère c'est le premier commandement avec une promesse, afin que tu sois heureux et que tu vives longtemps sur la terre.

Colossiens 3:20

Enfants, obéissez en toutes choses à vos parents, car cela est agréable dans le Seigneur.

1 Timothée 4:12

En sorte que vous vous conduisiez honnêtement envers ceux du dehors, et que vous n'ayez besoin de personne.

2 Timothée 2:22

Fuis les passions de la jeunesse, et recherche la justice, la foi, la charité, la paix, avec ceux qui invoquent le Seigneur d'un cœur pur.

Hébreux 12:9-11

D'ailleurs, puisque nos pères selon la chair nous ont châtiés, et que nous les avons respectés, ne devons-nous pas à bien plus forte raison nous soumettre au Père des esprits, pour avoir la vie?

12.9
Célibataire - Et Marié au Seigneur

Exode 22:22
Tu n'affligeras point la veuve, ni l'orphelin.

Deutéronome 14:29
Alors viendront le Lévite, qui n'a ni part ni héritage avec toi, l'étranger, l'orphelin et la veuve, qui seront dans tes portes, et ils mangeront et se rassasieront, afin que l'Eternel, ton Dieu, te bénisse dans tous les travaux que tu entreprendras de tes mains.

Psaume 68:5
Le père des orphelins, le défenseur des veuves, C'est Dieu dans sa demeure sainte.

Psaume 68:6
Dieu donne une famille à ceux qui étaient abandonnés, Il délivre les captifs et les rend heureux ; Les rebelles seuls habitent des lieux arides.

Psaume 146:9
L'Eternel protège les étrangers, Il soutient l'orphelin et la veuve, Mais il renverse la voie des méchants.

Proverbes 15:25
L'Eternel renverse la maison des orgueilleux, Mais il affermit les bornes de la veuve.

Esaïe 54:5
Car ton créateur est ton époux: L'Eternel des armées est son nom; Et ton rédempteur est le Saint d'Israël: Il se nomme Dieu de toute la terre;

Jérémie 29:11
Car je connais les projets que j'ai formés sur vous, dit l'Eternel, projets de paix et non de malheur, afin de vous donner un avenir et de l'espérance.

Jérémie 49:11
Laisse tes orphelins, je les ferai vivre, Et que tes veuves se confient en moi!

1 Corinthiens 7:32
Or, je voudrais que vous fussiez sans inquiétude. Celui qui n'est pas marié s'inquiète des choses du Seigneur, des moyens de plaire au Seigneur ;

1 Corinthiens 7:34
Il y a de même une différence entre la femme et la vierge: celle qui n'est pas mariée s'inquiète des choses du Seigneur, afin d'être sainte de corps et d'esprit ; et celle qui est mariée s'inquiète des choses du monde, des moyens de plaire à son mari.

1 Timothée 5:3-5
Quand les hommes diront: Paix et sûreté ! Alors une ruine soudaine les surprendra, comme les douleurs de l'enfantement surprennent la femme enceinte, et ils n'échapperont point.

Mais vous, frères, vous n'êtes pas dans les ténèbres, pour que ce jour vous surprenne comme un voleur ;

Vous êtes tous des enfants de la lumière et des enfants du jour. Nous ne sommes point de la nuit ni des ténèbres.

Jacques 1:27
La religion pure et sans tache, devant Dieu notre Père,

consiste à visiter les orphelins et les veuves dans leurs afflictions, et à se préserver des souillures du monde.

12.10
Les Frères et les Sœurs en Christ

Psaume 133:1
Cantique des degrés de David. Voici, oh! Qu'il est agréable, qu'il est doux pour des frères de demeurer ensemble!

Proverbes 17:17
L'ami aime en tout temps, Et dans le malheur il se montre un frère.

Ecclésiastes 4:9-12
Deux valent mieux qu'un, parce qu'ils retirent un bon salaire de leur travail.
Car, s'ils tombent, l'un relève son compagnon; mais malheur à celui qui est seul et qui tombe, sans avoir un second pour le relever!
De même, si deux couchent ensemble, ils auront chaud; mais celui qui est seul, comment aura-t-il chaud?
Et si quelqu'un est plus fort qu'un seul, les deux peuvent lui résister; et la corde à trois fils ne se rompt pas facilement.

Matthieu 6:14
Si vous pardonnez aux hommes leurs offenses, votre Père céleste vous pardonnera aussi;

Matthieu 18:18-20
Je vous le dis en vérité, tout ce que vous lierez sur la terre

sera lié dans le ciel, et tout ce que vous délierez sur la terre sera délié dans le ciel.

Je vous dis encore que, si deux d'entre vous s'accordent sur la terre pour demander une chose quelconque, elle leur sera accordée par mon Père qui est dans les cieux.
Car là où deux ou trois sont assemblés en mon nom, je suis au milieu d'eux.

Matthieu 22:39

Et voici le second, qui lui est semblable: Tu aimeras ton prochain comme toi-même.

Matthieu 25:35-40

Car j'ai eu faim, et vous m'avez donné à manger ; j'ai eu soif, et vous m'avez donné à boire; j'étais étranger, et vous m'avez recueilli ; j'étais nu, et vous m'avez vêtu ; j'étais malade, et vous m'avez visité; j'étais en prison, et vous êtes venus vers moi.

Les justes lui répondront : Seigneur, quand t'avons-nous vu avoir faim, et t'avons-nous donné à manger; ou avoir soif, et t'avonsnous donné à boire ?

Quand t'avons-nous vu étranger, et t'avons-nous recueilli ; ou nu, et t'avons-nous vêtu?

Quand t'avons-nous vu malade, ou en prison, et sommes-nous allés vers toi?

Et le roi leur répondra: Je vous le dis en vérité, toutes les fois que vous avez fait ces choses à l'un de ces plus petits de mes frères, c'est à moi que vous les avez faites.

Jean 13:34

Je vous donne un commandement nouveau: Aimez-vous les uns les autres; comme je vous ai aimés, vous aussi, aimez-vous les uns les autres.

Jean 15:12

C'est ici mon commandement: Aimez-vous les uns les autres, comme je vous ai aimés.

Romains 12:10

Par amour fraternel, soyez pleins d'affection les uns pour les autres ; par honneur, usez de prévenances réciproques.

Galates 3:26

La foi étant venue, nous ne sommes plus sous ce pédagogue.

Galates 3:28-29

Il n'y a plus ni Juif ni Grec, il n'y a plus ni esclave ni libre, il n'y a plus ni homme ni femme; car tous vous êtes un en Jésus-Christ.

Et si vous êtes à Christ, vous êtes donc la postérité d'Abraham, héritiers selon la promesse.

Galates 6:1-2

Frères, si un homme vient à être surpris en quelque faute, vous qui êtes spirituels, redressez-le avec un esprit de douceur.
Prends garde à toi-même, de peur que tu ne sois aussi tenté.
Portez les fardeaux les uns des autres, et vous accomplirez ainsi la loi de Christ.

Galates 6:10

Ainsi donc, pendant que nous en avons l'occasion, pratiquons le bien envers tous, et surtout envers les frères en la foi.

Ephésiens 4:1-3

Je vous exhorte donc, moi, le prisonnier dans le Seigneur, à marcher d'une manière digne de la vocation qui vous a été adressée, en toute humilité et douceur, avec patience, vous supportant les uns les autres avec charité, vous efforçant de conserver l'unité de l'esprit par le lien de la paix.

Ephésiens 4:25

C'est pourquoi, renoncez au mensonge, et que chacun de vous parle selon la vérité à son prochain; car nous sommes membres les uns des autres.

Ephésiens 6:18

Faites en tout temps par l'Esprit toutes sortes de prières et de supplications. Veillez à cela avec une entière persévérance, et priez pour tous les saints.

1 Pierre 2:9

Vous, au contraire, vous êtes une race élue, un sacerdoce royal, une nation sainte, un peuple acquis, afin que vous annonciez les vertus de celui qui vous a appelés des ténèbres à son admirable lumière,

1 Pierre 3:8

Enfin, soyez tous animés des mêmes pensées et des mêmes sentiments, pleins d'amour fraternel, de compassion, d'humilité.

1 Jean 1:7

Mais si nous marchons dans la lumière, comme il est lui-même dans la lumière, nous sommes mutuellement en communion, et le sang de Jésus son Fils nous purifie de tout péché.

1 Jean 2:10

Celui qui aime son frère demeure dans la lumière, et aucune occasion de chute n'est en lui.

1 Jean 3:14

Nous savons que nous sommes passés de la mort à la vie, parce que nous aimons les frères. Celui qui n'aime pas demeure dans la mort.

1 Jean 4:7

Bien-aimés, aimons nous les uns les autres; car l'amour est de Dieu, et quiconque aime est né de Dieu et connaît Dieu.

Chapitre 13
PROMESSES DE GUÉRISON

Exode 12:3

3 Parlez à toute l'assemblée d'Israël, et dites: Le dixième jour de ce mois, on prendra un agneau pour chaque famille, un agneau pour chaque maison.

Exode 12:5-7

5 Ce sera un agneau sans défaut, mâle, âgé d'un an; vous pourrez prendre un agneau ou un chevreau.

6 Vous le garderez jusqu'au quatorzième jour de ce mois; et toute l'assemblée d'Israël l'immolera entre les deux soirs.

7 On prendra de son sang, et on en mettra sur les deux poteaux et sur le linteau de la porte des maisons où on le mangera.

Exode 23:25

25 Vous servirez l'Eternel, votre Dieu, et il bénira votre pain et vos eaux, et j'éloignerai la maladie du milieu de toi

Deutéronome 7:14-15

14 Tu seras béni plus que tous les peuples; il n'y aura chez toi ni homme ni femme stérile, ni bête stérile parmi tes troupeaux.

15 L'Eternel éloignera de toi toute maladie; il ne t'enverra aucune de ces mauvaises maladies d'Egypte qui te sont connues, mais il en frappera tous ceux qui te haïssent.

Deutéronome 28:1-14

Si tu obéis à la voix de l'Eternel, ton Dieu, en observant et en mettant en pratique tous ses commandements que je te prescris aujourd'hui, l'Eternel, ton Dieu, te donnera la supériorité sur toutes les nations de la terre.

Voici toutes les bénédictions qui se répandront sur toi et qui seront ton partage, lorsque tu obéiras à la voix de l'Eternel, ton Dieu:

Tu seras béni dans la ville, et tu seras béni dans les champs.

Le fruit de tes entrailles, le fruit de ton sol, le fruit de tes troupeaux, les portées de ton gros et de ton menu bétail, toutes ces choses seront bénies.

Ta corbeille et ta huche seront bénies.

Tu seras béni à ton arrivée, et tu seras béni à ton départ.

L'Eternel te donnera la victoire sur tes ennemis qui s'élèveront contre toi; ils sortiront contre toi par un seul chemin, et ils s'enfuiront devant toi par sept chemins.

L'Eternel ordonnera à la bénédiction d'être avec toi dans tes greniers et dans toutes tes entreprises. Il te bénira dans le pays que l'Eternel, ton Dieu, te donne.

Tu seras pour l'Eternel un peuple saint, comme il te l'a juré, lorsque tu observeras les commandements de l'Eternel, ton Dieu, et que tu marcheras dans ses voies.

Tous les peuples verront que tu es appelé du nom de l'Eternel, et ils te craindront.

L'Eternel te comblera de biens, en multipliant le fruit de tes entrailles, le fruit de tes troupeaux et le fruit de ton sol, dans le pays que l'Eternel a juré à tes pères de te donner.

L'Eternel t'ouvrira son bon trésor, le ciel, pour envoyer à ton pays la pluie en son temps et pour bénir tout le travail de tes mains; tu prêteras à beaucoup de nations, et tu n'emprunteras point.

L'Eternel fera de toi la tête et non la queue, tu seras toujours en haut et tu ne seras jamais en bas, lorsque tu obéiras aux commandements de l'Eternel, ton Dieu, que je te prescris aujourd'hui, lorsque tu les observeras et les mettras en pratique, Et que tu ne te détourneras ni à droite ni à gauche de tous les commandements que je vous donne aujourd'hui, pour aller après d'autres dieux et pour les servi

Deutéronome 30:19-20

J'en prends aujourd'hui à témoin contre vous le ciel et la terre: j'ai mis devant toi la vie et la mort, la bénédiction et la malédiction. Choisis la vie, afin que tu vives, toi et ta postérité, pour aimer l'Eternel, ton Dieu, pour obéir à sa voix, et pour t'attacher à lui: car de cela dépendent ta vie et la prolongation de tes jours, et c'est ainsi que tu pourras demeurer dans le pays que l'Eternel a juré de donner à tes pères, Abraham, Isaac et Jacob.

1Rois 8:56

56 Béni soit l'Eternel, qui a donné du repos à son peuple d'Israël, selon toutes ses promesses! De toutes les bonnes paroles qu'il avait prononcées par Moïse, son serviteur, aucune n'est restée sans effet.

Psaumes 91:1-10

Celui qui demeure sous l'abri du Très-Haut Repose à l'ombre du Tout Puissant.

Je dis à l'Eternel: Mon refuge et ma forteresse, Mon Dieu en qui je me confie!

Car c'est lui qui te délivre du filet de l'oiseleur, De la peste et de ses ravages.

Il te couvrira de ses plumes, Et tu trouveras un refuge sous ses ailes; Sa fidélité est un bouclier et une cuirasse.

Tu ne craindras ni les terreurs de la nuit, Ni la flèche qui vole de jour,

Ni la peste qui marche dans les ténèbres, Ni la contagion qui frappe en plein midi.

Que mille tombent à ton côté, Et dix mille à ta droite, Tu ne

seras pas atteint;
De tes yeux seulement tu regarderas, Et tu verras la rétribution des méchants.
Car tu es mon refuge, ô Eternel! Tu fais du Très-Haut ta retraite.
Aucun malheur ne t'arrivera, Aucun fléau n'approchera de ta tente.

Psaumes 91:14-16
14 Puisqu'il m'aime, je le délivrerai; Je le protégerai, puisqu'il connaît mon nom.
Il m'invoquera, et je lui répondrai; Je serai avec lui dans la détresse, Je le délivrerai et je le glorifierai.
Je le rassasierai de longs jours, Et je lui ferai voir mon salut.

Psaumes 103:1-5
De David. Mon âme, bénis l'Eternel! Que tout ce qui est en moi bénisse son saint nom!
Mon âme, bénis l'Eternel, Et n'oublie aucun de ses bienfaits!
C'est lui qui pardonne toutes tes iniquités, Qui guérit toutes tes maladies;
C'est lui qui délivre ta vie de la fosse, Qui te couronne de bonté et de miséricorde;
C'est lui qui rassasie de biens ta vieillesse, Qui te fait rajeunir comme l'aigle.

Psaumes 107:19-21
Dans leur détresse, ils crièrent à l'Eternel, Et il les délivra de leurs angoisses;
Il envoya sa parole et les guérit, Il les fit échapper de la fosse.
Qu'ils louent l'Eternel pour sa bonté, et pour ses merveilles

en faveur des fils de l'homme!

Psaumes 118:17

17 Je ne mourrai pas, je vivrai, et je raconterai les œuvres de l'Eternel.

Proverbes 4:20-24

Mon fils, sois attentif à mes paroles, prête l'oreille à mes discours.

Qu'ils ne s'éloignent pas de tes yeux; garde-les dans le fond de ton cœur;

Car c'est la vie pour ceux qui les trouvent, c'est la santé pour tout leur corps.

Garde ton cœur plus que toute autre chose, car de lui viennent les sources de la vie.

Écarte de ta bouche la fausseté, éloigne de tes lèvres les détours.

Proverbes 10:11

La bouche du juste est une source de vie, mais la violence couvre la bouche des méchants.

Proverbes 10:3

L'Eternel ne laisse pas le juste souffrir de la faim, mais il repousse l'avidité des méchants

Proverbes 15:4

La langue douce est un arbre de vie, mais la langue perverse brise l'âme.

Proverbes 18:21

La mort et la vie sont au pouvoir de la langue; Quiconque

l'aime en mangera les fruits

Esaïe 40:28-31

28 Ne le sais-tu pas? Ne l'as-tu pas appris? C'est le Dieu d'éternité, l'Eternel, Qui a créé les extrémités de la terre; Il ne se fatigue point, il ne se lasse point; On ne peut sonder son intelligence.

29 Il donne de la force à celui qui est fatigué, Et il augmente la vigueur de celui qui tombe en défaillance.

Les adolescents se fatiguent et se lassent, Et les jeunes hommes chancellent;

Mais ceux qui se confient en l'Eternel renouvellent leur force. Ils prennent le vol comme les aigles; Ils courent, et ne se lassent point, Ils marchent, et ne se fatiguent point.

Esaïe 41:10

10 Ne crains rien, car je suis avec toi; Ne promène pas des regards inquiets, car je suis ton Dieu; Je te fortifie, je viens à ton secours, Je te soutiens de ma droite triomphante.

Esaïe 53:4-5

4 Cependant, ce sont nos souffrances qu'il a portées, c'est de nos douleurs qu'il s'est chargé; Et nous l'avons considéré comme puni, Frappé de Dieu, et humilié.

Mais il était blessé pour nos péchés, brisé pour nos iniquités; Le châtiment qui nous donne la paix est tombé sur lui, Et c'est par ses meurtrissures que nous sommes guéris.

Esaïe 54:8-17

Dans un instant de colère, je t'avais un moment dérobé ma face, Mais avec un amour éternel j'aurai compassion de toi, Dit ton rédempteur, l'Eternel.

Il en sera pour moi comme des eaux de Noé: J'avais juré que

les eaux de Noé ne se répandraient plus sur la terre; Je jure de même de ne plus m'irriter contre toi Et de ne plus te menacer.

Quand les montagnes s'éloigneraient, Quand les collines chancelleraient, Mon amour ne s'éloignera point de toi, Et mon alliance de paix ne chancellera point, Dit l'Eternel, qui a compassion de toi.

Malheureuse, battue de la tempête, et que nul ne console! Voici, je garnirai tes pierres d'antimoine, Et je te donnerai des fondements de saphir;

Je ferai tes créneaux de rubis, Tes portes d'escarboucles, Et toute ton enceinte de pierres précieuses.

Tous tes fils seront disciples de l'Eternel, Et grande sera la prospérité de tes fils.

Tu seras affermie par la justice; Bannis l'inquiétude, car tu n'as rien à craindre, Et la frayeur, car elle n'approchera pas de toi.

Si l'on forme des complots, cela ne viendra pas de moi; Quiconque se liguera contre toi tombera sous ton pouvoir.

Voici, j'ai créé l'ouvrier qui souffle le charbon au feu, Et qui fabrique une arme par son travail; Mais j'ai créé aussi le destructeur pour la briser.

Toute arme forgée contre toi sera sans effet; Et toute langue qui s'élèvera en justice contre toi, Tu la condamneras. Tel est l'héritage des serviteurs de l'Eternel, Tel est le salut qui leur viendra de moi, Dit l'Eternel.

Esaïe 55:7-11

7 Que le méchant abandonne sa voie, et l'homme d'iniquité ses pensées; Qu'il retourne à l'Eternel, qui aura pitié de lui, A notre Dieu, qui ne se lasse pas de pardonner.

8 Car mes pensées ne sont pas vos pensées, et vos voies ne sont pas mes voies, Dit l'Eternel.

9 Autant les cieux sont élevés au-dessus de la terre, Autant mes voies sont élevées au-dessus de vos voies, Et mes pensées audessus de vos pensées.

10 Comme la pluie et la neige descendent des cieux, et n'y retournent pas Sans avoir arrosé, fécondé la terre, et fait germer les plantes, Sans avoir donné de la semence au semeur Et du pain à celui qui mange,

Ainsi en est-il de ma parole, qui sort de ma bouche : elle ne retourne point à moi sans effet, Sans avoir exécuté ma volonté Et accompli mes desseins.

Jérémie 1:12

Et l'Eternel me dit: Tu as bien vu; car je veille sur ma parole, pour l'exécuter.

Jérémie 30:17

Mais je te guérirai, je panserai tes plaies, dit l'Eternel. Car ils t'appellent la repoussée, cette Sion dont nul ne prend souci.

Joël 3:10

10 De vos hoyaux forgez des épées, et de vos serpes des lances! Que le faible dise: Je suis fort!

Nahum 1:9

9 Que méditez-vous contre l'Eternel ? C'est lui qui détruit. La détresse ne paraîtra pas deux fois.

Malachie 4:2

2 Mais pour vous qui craignez mon nom, se lèvera Le soleil de la justice, Et la guérison sera sous ses ailes; vous sortirez, et vous sauterez comme les veaux d'une étable,

Matthieu 4:23-24

23 Jésus parcourait toute la Galilée, enseignant dans les synagogues, prêchant la bonne nouvelle du royaume, et guérissant toute maladie et toute infirmité parmi le peuple.

24 Sa renommée se répandit dans toute la Syrie, et on lui amenait tous ceux qui souffraient de maladies et de douleurs de divers genres, des démoniaques, des lunatiques, des paralytiques; et il les guérissait.

Matthieu 8:2-3

2 Et voici, un lépreux s'étant approché se prosterna devant lui, et dit: Seigneur, si tu le veux, tu peux me rendre pur.

3 Jésus étendit la main, le toucha, et dit : je le veux, sois pur. Aussitôt, il fut purifié de sa lèpre.

Matthieu 8:5-10

5 Comme Jésus entrait dans Capernaüm, un centenier l'aborda, (8-6) le priant

6 et disant: Seigneur, mon serviteur est couché à la maison, atteint de paralysie et souffrant beaucoup.

7 Jésus lui dit: J'irai, et je le guérirai.

8 Le centenier répondit: Seigneur, je ne suis pas digne que tu entres sous mon toit; mais dis seulement un mot, et mon serviteur sera guéri.

9 Car, moi qui suis soumis à des supérieurs, j'ai des soldats sous mes ordres; et je dis à l'un: Va! Et il va ; à l'autre : Viens! Et il vient ; et à mon serviteur : Fais cela ! Et il le fait.

10 Après l'avoir entendu, Jésus fut dans l'étonnement, et il dit à ceux qui le suivaient : je vous le dis en vérité, même en Israël, je n'ai pas trouvé une aussi grande foi.

Matthieu 8:16-17

16 Le soir, on amena auprès de Jésus plusieurs démoniaques. Il chassa les esprits par sa parole, et il guérit tous les malades, afin que s'accomplît ce qui avait été annoncé par Esaïe, le prophète : Il a pris nos infirmités, et il s'est chargé de nos maladies.

Matthieu 9:18-29

Tandis qu'il leur adressait ces paroles, voici, un chef arriva, se prosterna devant lui, et dit : ma fille est morte il y a un instant ; mais viens, impose-lui les mains, et elle vivra.

Jésus se leva, et le suivit avec ses disciples.

Et voici, une femme atteinte d'une perte de sang depuis douze ans s'approcha par derrière, et toucha le bord de son vêtement.

Car elle disait en elle-même : si je puis seulement toucher son vêtement, je serai guérie.

Jésus se retourna, et dit, en la voyant : prends courage, ma fille, ta foi t'a guérie. Et, cette femme fut guérie à l'heure même.

Lorsque Jésus fut arrivé à la maison du chef, et qu'il vit les joueurs de flûte et la foule bruyante,

Il leur dit: Retirez-vous; car la jeune fille n'est pas morte, mais elle dort. Et ils se moquaient de lui.

Quand la foule eut été renvoyée, il entra, prit la main de la jeune fille, et la jeune fille se leva.

Le bruit s'en répandit dans toute la contrée.

Etant parti de là, Jésus fut suivi par deux aveugles, qui criaient: Aie pitié de nous, Fils de David!

Lorsqu'il fut arrivé à la maison, les aveugles s'approchèrent de lui, et Jésus leur dit : Croyez-vous que je puisse faire cela ? Oui, Seigneur, lui répondirent-ils.

Alors il leur toucha les yeux, en disant : Qu'il vous soit fait selon votre foi.

Matthieu 9:35

35 Jésus parcourait toutes les villes et les villages, enseignant dans les synagogues, prêchant la bonne nouvelle du royaume, et guérissant toute maladie et toute infirmité.

Matthieu 12:9-13

9 Étant parti de là, Jésus entra dans la synagogue.

10 Et voici, il s'y trouvait un homme qui avait la main sèche. Ils demandèrent à Jésus : est-il permis de faire une guérison les jours de sabbat? C'était afin de pouvoir l'accuser.

11 Il leur répondit : lequel d'entre vous, s'il n'a qu'une brebis et qu'elle tombe dans une fosse le jour du sabbat, ne la saisira pour l'en retirer?

12 Combien un homme ne vaut-il pas plus qu'une brebis ! Il est donc permis de faire du bien les jours de sabbat.

Alors il dit à l'homme : Etends ta main. Il l'étendit, et elle devint saine comme l'autre

Matthieu 12:22

Alors on lui amena un démoniaque aveugle et muet, et il le guérit, de sorte que le muet parlait et voyait.

Matthieu 14:14

Quand il sortit de la barque, il vit une grande foule, et fut ému de compassion pour elle, et il guérit les malades.

Matthieu 14:34-36

34 Après avoir traversé la mer, ils vinrent dans le pays de Génésareth.

35 Les gens de ce lieu, ayant reconnu Jésus, envoyèrent des messagers dans tous les environs, et on lui amena tous les malades.

36 Ils le prièrent de leur permettre seulement de toucher le bord de son vêtement. Et tous ceux qui le touchèrent furent guéris.

Matthieu 15:6

6 n'est pas tenu d'honorer son père ou sa mère. Vous annulez ainsi la parole de Dieu au profit de votre tradition.

Matthieu 15:30-31

Alors s'approcha de lui une grande foule, ayant avec elle des boiteux, des aveugles, des muets, des estropiés, et beaucoup d'autres malades. On les mit à ses pieds, et il les guérit ;

En sorte que la foule était dans l'admiration de voir que les muets parlaient, que les estropiés étaient guéris, que les boiteux marchaient, que les aveugles voyaient; et elle glorifiait le Dieu d'Israël.

Matthieu 18:18-19

18 Je vous le dis en vérité, tout ce que vous lierez sur la terre sera lié dans le ciel, et tout ce que vous délierez sur la terre sera délié dans le ciel.

19 Je vous dis encore que, si deux d'entre vous s'accordent sur la terre pour demander une chose quelconque, elle leur sera accordée par mon Père qui est dans les cieux.

Matthieu 20:29-34

29 Lorsqu'ils sortirent de Jéricho, une grande foule suivit Jésus.

30 Et voici, deux aveugles, assis au bord du chemin, entendirent que Jésus passait, et crièrent: Aie pitié de nous, Seigneur, Fils de David!

La foule les reprenait, pour les faire taire; mais ils crièrent plus fort: Aie pitié de nous, Seigneur, Fils de David!

Jésus s'arrêta, les appela, et dit : Que voulez-vous que je vous fasse?

Ils lui dirent : Seigneur, que nos yeux s'ouvrent.

Emu de compassion, Jésus toucha leurs yeux ; et aussitôt ils recouvrèrent la vue, et le suivirent.

Matthieu 21:14

14 Des aveugles et des boiteux s'approchèrent de lui dans le temple. Et il les guérit.

Matthieu 21:21

Jésus leur répondit : Je vous le dis en vérité, si vous aviez de la foi et que vous ne doutiez point, non seulement vous feriez ce qui a été fait à ce figuier, mais quand vous diriez à cette montagne : Ote-toi de là et jette-toi dans la mer, cela se ferait.

Marc 1:40-42

40 Un lépreux vint à lui ; et, se jetant à genoux, il lui dit d'un ton suppliant : Si tu le veux, tu peux me rendre pur.

Jésus, ému de compassion, étendit la main, le toucha, et dit : je le veux, sois pur.

Aussitôt la lèpre le quitta, et il fut purifié.

Marc 4:24

Il leur dit encore: Prenez garde à ce que vous entendez. On vous mesurera avec la mesure dont vous vous serez servis, et on y ajoutera pour vous.

Marc 5:21

21 Jésus dans la barque regagna l'autre rive, où une grande foule s'assembla près de lui. Il était au bord de la mer.

Marc 6:5-6

5 Il ne put faire là aucun miracle, si ce n'est qu'il imposa les mains à quelques malades et les guérit.

6 Et il s'étonnait de leur incrédulité. Jésus parcourait les villages d'alentour, en enseignant.

Marc 6:7

7 Alors il appela les douze, et il commença à les envoyer deux à deux, en leur donnant pouvoir sur les esprits impurs.

Marc 6:12-13

12 Ils partirent, et ils prêchèrent la repentance.

13 Ils chassaient beaucoup de démons, et ils oignaient d'huile beaucoup de malades et les guérissaient.

Marc 6:53-56

53 Après avoir traversé la mer, ils vinrent dans le pays de Génésareth, et ils abordèrent.

54 Quand ils furent sortis de la barque, les gens, ayant aussitôt reconnu Jésus,

55 parcoururent tous les environs, et l'on se mit à apporter les malades sur des lits, partout où l'on apprenait qu'il était.

56 En quelque lieu qu'il arrivât, dans les villages, dans les villes ou dans les campagnes, on mettait les malades sur les places publiques, et on le priait de leur permettre seulement de toucher le bord de son vêtement. Et tous ceux qui le touchaient étaient guéris.

Marc 7:31-37

31 Jésus quitta le territoire de Tyr, et revint par Sidon vers la mer de Galilée, en traversant le pays de la Décapole.

On lui amena un sourd, qui avait de la difficulté à parler, et on le pria de lui imposer les mains.

Il le prit à part loin de la foule, lui mit les doigts dans les oreilles, et lui toucha la langue avec sa propre salive;

Puis, levant les yeux au ciel, il soupira, et dit : Ephphatha, c'està-dire, ouvre-toi.

Aussitôt ses oreilles s'ouvrirent, sa langue se délia, et il parla très bien.

Jésus leur recommanda de n'en parler à personne ; mais plus il le leur recommanda, plus ils le publièrent.

Ils étaient dans le plus grand étonnement, et disaient : Il fait tout à merveille ; même il fait entendre les sourds, et parler les muets.

Marc 8:22-25

Ils se rendirent à Bethsaïda ; et on amena vers Jésus un aveugle, qu'on le pria de toucher.

Il prit l'aveugle par la main, et le conduisit hors du village ; puis, il lui mit de la salive sur les yeux, lui imposa les mains, et lui demanda s'il voyait quelque chose.

Il regarda, et dit : J'aperçois les hommes, mais j'en vois comme des arbres, et qui marchent.

Jésus lui mit de nouveau les mains sur les yeux ; et, quand l'aveugle regarda fixement, il fut guéri, et vit tout distinctement.

Marc 11:22-24

22 Jésus prit la parole, et leur dit : Ayez foi en Dieu.

23 Je vous le dis en vérité, si quelqu'un dit à cette montagne : Ote-toi de là et jette-toi dans la mer, et s'il ne doute point en son cœur, mais croit que ce qu'il dit arrive, il le verra s'accomplir.

24 C'est pourquoi je vous dis : Tout ce que vous demanderez en priant, croyez que vous l'avez reçu, et vous le verrez s'accomplir.

Marc 16:14-18

14 Enfin, il apparut aux onze, pendant qu'ils étaient à table; et il leur reprocha leur incrédulité et la dureté de leur cœur, parce qu'ils n'avaient pas cru ceux qui l'avaient vu ressuscité.

Puis il leur dit : Allez par tout le monde, et prêchez la bonne nouvelle à toute la création.

Celui qui croira et qui sera baptisé sera sauvé, mais celui qui ne croira pas sera condamné.

Voici les miracles qui accompagneront ceux qui auront cru: en mon nom, ils chasseront les démons; ils parleront de nouvelles langues;

Ils saisiront des serpents; s'ils boivent quelque breuvage mortel, il ne leur fera point de mal; ils imposeront les mains aux malades, et les malades, seront guéris.

Luc 4:16-21

16 Les autres, pareillement, reçoivent la semence dans les endroits pierreux ; quand ils entendent la parole, ils la reçoivent d'abord avec joie ;

17 mais ils n'ont pas de racine en eux-mêmes, ils manquent de persistance, et, dès que survient une tribulation ou une persécution à cause de la parole, ils y trouvent une occasion de chute.

18 D'autres reçoivent la semence parmi les épines ; ce sont ceux qui entendent la parole,

Mais en qui les soucis du siècle, la séduction des richesses et l'invasion des autres convoitises, étouffent la parole, et la rendent infructueuse.

D'autres reçoivent la semence dans la bonne terre ; ce sont ceux qui entendent la parole, la reçoivent, et portent du fruit, trente, soixante, et cent pour un.

Il leur dit encore : Apporte-t-on la lampe pour la mettre sous le boisseau, ou sous le lit ? N'est-ce pas pour la mettre sur le chandelier?

Luc 4:40

Puis il leur dit : Pourquoi avez-vous ainsi peur ? Comment n'avezvous point de foi?

Luc 5:15

Sa renommée se répandait de plus en plus, et les gens venaient en foule pour l'entendre et pour être guéris de leurs maladies.

Luc 6:17-19

17 Il descendit avec eux, et s'arrêta sur un plateau, où se trouvaient une foule de ses disciples et une multitude de peuple de toute la Judée, de Jérusalem, et de la contrée maritime de Tyr et de Sidon. Ils étaient venus pour l'entendre, et pour être guéris de leurs maladies.

18 Ceux qui étaient tourmentés par des esprits impurs étaient guéris.

19 Et toute la foule cherchait à le toucher, parce qu'une force sortait de lui et les guérissait tous.

Luc 6:45

45 L'homme bon tire de bonnes choses du bon trésor de son cœur, et le méchant tire de mauvaises choses de son mauvais trésor ; car c'est de l'abondance du cœur que la

bouche parle.

Luc 7:11-16

11 Le jour suivant, Jésus alla dans une ville appelée Naïn; ses disciples et une grande foule faisaient route avec lui.

12 Lorsqu'il fut près de la porte de la ville, voici, on portait en terre un mort, fils unique de sa mère, qui était veuve ; et il y avait avec elle beaucoup de gens de la ville.

13 Le Seigneur, l'ayant vue, fut ému de compassion pour elle, et lui dit: Ne pleure pas!

14 Il s'approcha, et toucha le cercueil. Ceux qui le portaient s'arrêtèrent. Il dit : Jeune homme, je te le dis, lève-toi!

15 Et le mort s'assit, et se mit à parler. Jésus le rendit à sa mère.

16 Tous furent saisis de crainte, et ils glorifiaient Dieu, disant : Un grand prophète a paru parmi nous, et Dieu a visité son peuple.

Luc 9:1-2

Jésus, ayant assemblé les douze, leur donna force et pouvoir sur tous les démons, avec la puissance de guérir les maladies.

Il les envoya prêcher le royaume de Dieu, et guérir les malades.

Luc 10:1-3

Après cela, le Seigneur désigna encore soixante-dix autres disciples, et il les envoya deux à deux devant lui dans toutes les villes et dans tous les lieux où lui-même devait aller.

Il leur dit : la moisson est grande, mais il y a peu d'ouvriers. Priez donc le maître de la moisson d'envoyer des ouvriers dans sa moisson.

Partez ! Voici, je vous envoie comme des agneaux au milieu des loups.

Luc 10:8-9

8 Dans quelque ville que vous entriez, et où l'on vous recevra, mangez ce qui vous sera présenté,

9 guérissez les malades qui s'y trouveront, et dites-leur : le royaume de Dieu s'est approché de vous.

Luc 13:10-17

10 Jésus enseignait dans une des synagogues, le jour du sabbat. 11 Et voici, il y avait là une femme possédée d'un esprit qui la rendait infirme depuis dix-huit ans ; elle était courbée, et ne pouvait pas du tout se redresser.

12 Lorsqu'il la vit, Jésus lui adressa la parole, et lui dit: Femme, tu es délivrée de ton infirmité.

13 Et il lui imposa les mains. A l'instant elle se redressa, et glorifia Dieu.

14 Mais le chef de la synagogue, indigné de ce que Jésus avait opéré cette guérison un jour de sabbat, dit à la foule: Il y a six jours pour travailler ; venez donc vous faire guérir ces jours-là, et non pas le jour du sabbat.

15 Hypocrites! lui répondit le Seigneur, est-ce que chacun de vous, le jour du sabbat, ne détache pas de la crèche son bœuf ou son âne, pour le mener boire?

16 Et cette femme, qui est une fille d'Abraham, et que Satan tenait liée depuis dix-huit ans, ne fallait-il pas la délivrer de cette chaîne le jour du sabbat?

17 Tandis qu'il parlait ainsi, tous ses adversaires étaient confus, et la foule se réjouissait de toutes les choses glorieuses qu'il faisait.

Luc 17:11-19

11   Jésus, se rendant à Jérusalem, passait entre la Samarie et la Galilée.

12   Comme il entrait dans un village, dix lépreux vinrent à sa rencontre. Se tenant à distance,

13   (17-12) ils élevèrent la voix, et dirent: (17-13) Jésus, maître, aie pitié de nous!

14   Dès qu'il les eut vus, il leur dit: Allez vous montrer aux sacrificateurs. Et, pendant qu'ils y allaient, il arriva qu'ils fussent guéris.

15   L'un d'eux, se voyant guéri, revint sur ses pas, glorifiant Dieu à haute voix.

16   Il tomba sur sa face aux pieds de Jésus, et lui rendit grâces. C'était un Samaritain.

17   Jésus, prenant la parole, dit : Les dix n'ont-ils pas été guéris ? Et les neuf autres, où sont-ils?

18   Ne s'est-il trouvé que cet étranger pour revenir et donner gloire à Dieu?

19   Puis il lui dit : Lève-toi, va ; ta foi t'a sauvé.

Jean 5:1-9

Après cela, il y eut une fête des Juifs, et Jésus monta à Jérusalem.

Or, à Jérusalem, près de la porte des brebis, il y a une piscine qui s'appelle en hébreu Bethesda, et qui a cinq portiques.

Sous ces portiques étaient couchés en grand nombre des malades, des aveugles, des boiteux, des paralytiques, qui attendaient le mouvement de l'eau ;

Car un ange descendait de temps en temps dans la piscine, et agitait l'eau; et celui qui y descendait le premier après que l'eau avait été agitée était guéri, quelle que fût sa maladie.

Là se trouvait un homme malade depuis trente-huit ans.

Jésus, l'ayant vu couché, et sachant qu'il était malade depuis longtemps, lui dit : Veux-tu être guéri ?

Le malade lui répondit : Seigneur, je n'ai personne pour me jeter dans la piscine quand l'eau est agitée, et, pendant que j'y vais, un autre descend avant moi.

Lève-toi, lui dit Jésus, prends ton lit, et marche.

Aussitôt cet homme fut guéri; il prit son lit, et marcha. (5-10) C'était un jour de sabbat.

Jean 10:10

Le voleur ne vient que pour dérober, égorger et détruire ; moi, je suis venu afin que les brebis aient la vie, et qu'elles soient dans l'abondance.

Jean 14:12

En vérité, en vérité, je vous le dis, celui qui croit en moi fera aussi les œuvres que je fais, et il en fera de plus grandes, parce que je m'en vais au Père.

Jean 15:7

Si vous demeurez en moi, et que mes paroles demeurent en vous, demandez ce que vous voudrez, et cela vous sera accordé.

Actes 3:1-10

Pierre et Jean montaient ensemble au temple, à l'heure de la prière : c'était la neuvième heure.

Il y avait un homme boiteux de naissance, qu'on portait et qu'on plaçait tous les jours à la porte du temple appelée la Belle, pour qu'il demandât l'aumône à ceux qui entraient dans le temple.

Cet homme, voyant Pierre et Jean qui allaient y entrer, leur demanda l'aumône.

Pierre, de même que Jean, fixa les yeux sur lui, et dit: regarde-nous.

Et il les regardait attentivement, s'attendant à recevoir d'eux quelque chose.

Alors Pierre lui dit : je n'ai ni argent, ni or ; mais ce que j'ai, je te le donne : au nom de Jésus-Christ de Nazareth, lève-toi et marche.

Et le prenant par la main droite, il le fit lever. Au même instant, ses pieds et ses chevilles devinrent fermes ;

D'un saut il fut debout, et il se mit à marcher. Il entra avec eux dans le temple, marchant, sautant, et louant Dieu.

Tout le monde le vit marchant et louant Dieu.

Ils reconnaissaient que c'était celui qui était assis à la Belle porte du temple pour demander l'aumône, et ils furent remplis d'étonnement et de surprise au sujet de ce qui lui était arrivé.

Actes 5:12-16

Beaucoup de miracles et de prodiges se faisaient au milieu du peuple par les mains des apôtres. Ils se tenaient tous ensemble au portique de Salomon, et aucun des autres n'osait se joindre à eux; mais le peuple les louait hautement.

Le nombre de ceux qui croyaient au Seigneur, hommes et femmes, s'augmentait de plus en plus ; en sorte qu'on apportait les malades dans les rues et qu'on les plaçait sur des lits et des couchettes, afin que, lorsque Pierre passerait, son ombre au moins couvrît quelqu'un d'eux.

La multitude accourait aussi des villes voisines à Jérusalem, amenant des malades et des gens tourmentés par des esprits impurs ; et tous étaient guéris.

Actes 8:5-8

Philippe, étant descendu dans la ville de Samarie, y prêcha

le Christ.

Les foules tout entières étaient attentives à ce que disait Philippe, lorsqu'elles apprirent et virent les miracles qu'il faisait.

Car des esprits impurs sortirent de plusieurs démoniaques, en poussant de grands cris, et beaucoup de paralytiques et de boiteux furent guéris.

Et il y eut une grande joie dans cette ville.

Actes 9:32-34

32 Comme Pierre visitait tous les saints, il descendit aussi vers ceux qui demeuraient à Lydde.

33 Il y trouva un homme nommé Enée, couché sur un lit depuis huit ans, et paralytique.

Pierre lui dit: Enée, Jésus-Christ te guérit; lève-toi, et arrange ton lit. Et aussitôt il se leva.

Actes 10:38

Vous savez comment Dieu a oint du Saint-Esprit et de force Jésus de Nazareth, qui allait de lieu en lieu faisant du bien et guérissant tous ceux qui étaient sous l'empire du diable, car Dieu était avec lui.

Actes 14:8-10

A Lystre, se tenait assis un homme impotent des pieds, boiteux de naissance, et qui n'avait jamais marché.

Il écoutait parler Paul. Et Paul, fixant les regards sur lui et voyant qu'il avait la foi pour être guéri, dit d'une voix forte : Lève-toi droit sur tes pieds. Et il se leva d'un bond et marcha.

Actes 19:11-12

Et Dieu faisait des miracles extraordinaires par les mains de

Paul, au point qu'on appliquait sur les malades des linges ou des mouchoirs qui avaient touché son corps, et les maladies les quittaient, et les esprits malins sortaient.

Actes 28:8-9

8   Le père de Publius était alors au lit, malade de la fièvre et de la dysenterie ; Paul, s'étant rendu vers lui, pria, lui imposa les mains, et le guérit.

9   Là-dessus, vinrent les autres malades de l'île, et ils furent guéris.

Romains 4:16-21

C'est pourquoi les héritiers le sont par la foi, pour que ce soit par grâce, afin que la promesse soit assurée à toute la postérité, non seulement à celle qui est sous la loi, mais aussi à celle qui a la foi d'Abraham, notre père à tous,

(4-16) selon qu'il est écrit : (4-17) Je t'ai établi père d'un grand nombre de nations. Il est notre père devant celui auquel il a cru, Dieu, qui donne la vie aux morts, et qui appelle les choses qui ne sont point comme si elles étaient.

Espérant contre toute espérance, il crut, en sorte qu'il devint père d'un grand nombre de nations, selon ce qui lui avait été dit: Telle sera ta postérité.

Et, sans faiblir dans la foi, il ne considéra point que son corps était déjà usé, puisqu'il avait près de cent ans, et que Sara n'était plus en état d'avoir des enfants.

Il ne douta point, par incrédulité, au sujet de la promesse de Dieu ; mais il fut fortifié par la foi, donnant gloire à Dieu, et ayant la pleine conviction que ce qu'il promet il peut aussi l'accomplir.

Romains 8:2

En effet, la loi de l'esprit de vie en Jésus-Christ m'a affranchi de la loi du péché et de la mort.

Romains 10:17

2 Je leur rends le témoignage qu'ils ont du zèle pour Dieu, mais sans intelligence

1Co.11:23-26

Car j'ai reçu du Seigneur ce que je vous ai enseigné ; c'est que le Seigneur Jésus, dans la nuit où il fut livré, prit du pain, et, après avoir rendu grâces, le rompit, et dit : Ceci est mon corps, qui est rompu pour vous ; faites ceci en mémoire de moi.

De même, après avoir soupé, il prit la coupe, et dit : Cette coupe est la nouvelle alliance en mon sang ; faites ceci en mémoire de moi toutes les fois que vous en boirez.

Car toutes les fois que vous mangez ce pain et que vous buvez cette coupe, vous annoncez la mort du Seigneur, jusqu'à ce qu'il vienne.

2Co.10:3-5

Si nous marchons dans la chair, nous ne combattons pas selon la chair.

Car les armes avec lesquelles nous combattons ne sont pas charnelles ; mais elles sont puissantes, par la vertu de Dieu, pour renverser des forteresses.

Nous renversons les raisonnements et toute hauteur qui s'élève contre la connaissance de Dieu, et nous amenons toute pensée captive à l'obéissance de Christ.

1Co.12:9

9 à un autre, la foi, par le même Esprit ; à un autre, le don des guérisons, par le même Esprit.

Galates 3:5

5 Celui qui vous accorde l'Esprit, et qui opère des miracles parmi vous, le fait-il donc par les œuvres de la loi, ou par la prédication de la foi ?

Galates 3:13-14

Christ nous a rachetés de la malédiction de la loi, étant devenu malédiction pour nous, car il est écrit : Maudit est quiconque est pendu au bois, afin que la bénédiction d'Abraham eût pour les païens son accomplissement en Jésus-Christ, et que nous réussissions par la foi l'Esprit qui avait été promis.

Galates 3:29

29 Et si vous êtes à Christ, vous êtes donc la postérité d'Abraham, héritiers selon la promesse.

Ephésiens 6:10-17

Au reste, fortifiez-vous dans le Seigneur, et par sa force toute puissante.

Revêtez-vous de toutes les armes de Dieu, afin de pouvoir tenir ferme contre les ruses du diable.

Car nous n'avons pas à lutter contre la chair et le sang, mais contre les dominations, contre les autorités, contre les princes de ce monde de ténèbres, contre les esprits méchants dans les lieux célestes.

C'est pourquoi, prenez toutes les armes de Dieu, afin de pouvoir résister dans le mauvais jour, et tenir ferme après avoir tout surmonté.

Tenez donc ferme : ayez à vos reins la vérité pour ceinture; revêtez la cuirasse de la justice ;

Mettez pour chaussure à vos pieds le zèle que donne l'Evangile de paix ;

Prenez par-dessus tout cela le bouclier de la foi, avec lequel vous pourrez éteindre tous les traits enflammés du malin ;

Prenez aussi le casque du salut, et l'épée de l'Esprit, qui est la parole de Dieu.

Philippiens 2:13

3 car c'est Dieu qui produit en vous le vouloir et le faire, selon son bon plaisir.

Philippiens 4:6-7

Ne vous inquiétez de rien ; mais en toute chose faites connaître vos besoins à Dieu par des prières et des supplications, avec des actions de grâces.

Et la paix de Dieu, qui surpasse toute intelligence, gardera vos cœurs et vos pensées en Jésus-Christ.

Colossiens 1:13-14

Qui nous a délivrés de la puissance des ténèbres et nous a transportés dans le royaume du Fils de son amour, en qui nous avons la rédemption, la rémission des péchés.

Colossiens 2:13-15

Vous qui étiez morts par vos offenses et par l'incirconcision de votre chair, il vous a rendus à la vie avec lui, en nous faisant grâce pour toutes nos offenses ;

Il a effacé l'acte dont les ordonnances nous condamnaient et qui subsistait contre nous, et il l'a détruit en le clouant à la croix;

Il a dépouillé les dominations et les autorités, et les a livrées publiquement en spectacle, en triomphant d'elles par la croix.

1 Thessalonissiens 5:23-24 :

Que le Dieu de paix vous sanctifie lui-même tout entiers, et que tout votre être, l'esprit, l'âme et le corps, soit conservé irrépréhensible, lors de l'avènement de notre Seigneur Jésus Christ!

Celui qui vous a appelés est fidèle, et c'est lui qui le fera.

2 Timothée 1:7

Paul, apôtre de Jésus-Christ, par la volonté de Dieu, pour annoncer la promesse de la vie qui est en Jésus-Christ, à Timothée, mon enfant bien-aimé: que la grâce, la miséricorde et la paix te soient données de la part de Dieu le Père et de Jésus Christ notre Seigneur!

Je rends grâces à Dieu, que mes ancêtres ont servi, et que je sers avec une conscience pure, de ce que nuit et jour je me souviens continuellement de toi dans mes prières, me rappelant tes larmes, et désirant te voir afin d'être rempli de joie, gardant le souvenir de la foi sincère qui est en toi, qui habita d'abord dans ton aïeule Loïs et dans ta mère Eunice, et qui, j'en suis persuadé, habite aussi en toi.

C'est pourquoi je t'exhorte à ranimer le don de Dieu que tu as reçu par l'imposition de mes mains.

Car, ce n'est pas un esprit de timidité que Dieu nous a donné, mais un esprit de force, d'amour et de sagesse

Hébreux 4:14-16

Ainsi, puisque nous avons un grand souverain sacrificateur qui a traversé les cieux, Jésus, le Fils de Dieu, demeurons fermes dans la foi que nous professons.

Car nous n'avons pas un souverain sacrificateur qui ne puisse compatir à nos faiblesses ; au contraire, il a été tenté comme nous en toutes choses, sans commettre de péché.

Approchons-nous donc avec assurance du trône de la grâce, afin d'obtenir miséricorde et de trouver grâce, pour être secourus dans nos besoins.

Hébreux 6:16-20

Or les hommes jurent par celui qui est plus grand qu'eux, et le serment est une garantie qui met fin à tous leurs différends.

C'est pourquoi Dieu, voulant montrer avec plus d'évidence aux héritiers de la promesse l'immutabilité de sa résolution, intervint par un serment, afin que, par deux choses immuables, dans lesquelles il est impossible que Dieu mente, nous trouvions un puissant encouragement, nous dont le seul refuge a été de saisir l'espérance qui nous était proposée.

Cette espérance, nous la possédons comme une ancre de l'âme, sûre et solide ; elle pénètre au delà du voile, là où Jésus est entré pour nous comme précurseur, ayant été fait souverain sacrificateur pour toujours, selon l'ordre de Melchisédek.

Hébreux 7:24-25

Mais lui, parce qu'il demeure éternellement, possède un sacerdoce qui n'est pas transmissible.

C'est aussi pour cela qu'il peut sauver parfaitement ceux qui s'approchent de Dieu par lui, étant toujours vivant pour intercéder en leur faveur.

Hébreux 8:6

Mais maintenant il a obtenu un ministère d'autant supérieur qu'il est le médiateur d'une alliance plus excellente, qui a été établie sur de meilleures promesses.

Hébreux 8:10-12

10 Mais voici l'alliance que je ferai avec la maison d'Israël, après ces jours-là, dit le Seigneur : je mettrai mes lois dans leur esprit, Je les écrirai dans leur cœur ; et je serai leur Dieu, et ils seront mon peuple.

11 Aucun n'enseignera plus son concitoyen, ni aucun son frère, en disant : connais le Seigneur! Car tous me

connaîtront, depuis le plus petit jusqu'au plus grand d'entre eux;

12 Parce que je pardonnerai leurs iniquités, et que je ne me souviendrai plus de leurs péchés.

Hébreux 10:23

Retenons fermement la profession de notre espérance, car celui qui a fait la promesse est fidèle.

Hébreux 10:33-35

33 d'une part, exposés comme en spectacle aux opprobres et aux tribulations, et de l'autre, vous associant à ceux dont la position était la même.

34 En effet, vous avez eu de la compassion pour les prisonniers, et vous avez accepté avec joie l'enlèvement de vos biens, sachant que vous avez des biens meilleurs et qui durent toujours.

N'abandonnez donc pas votre assurance, à laquelle est attachée une grande rémunération.

Hébreux 11:11

11 C'est par la foi que Sara elle-même, malgré son âge avancé, fut rendue capable d'avoir une postérité, parce qu'elle crut à la fidélité de celui qui avait fait la promesse.

Hébreux 13:8

Jésus-Christ est le même hier, aujourd'hui, et éternellement.

Jacques 3:2-6

2 Nous bronchons tous de plusieurs manières. Si quelqu'un ne bronche point en paroles, c'est un homme parfait, capable de tenir tout son corps en bride.

3   Si nous mettons le mors dans la bouche des chevaux pour qu'ils nous obéissent, nous dirigeons aussi leur corps tout entier.

4   Voici, même les navires, qui sont si grands et que poussent des vents impétueux, sont dirigés par un très petit gouvernail, au gré du pilote.

5   De même, la langue est un petit membre, et elle se vante de grandes choses. Voici, comme un petit feu peut embraser une grande forêt!

La langue aussi est un feu; c'est le monde de l'iniquité. La langue est placée parmi nos membres, souillant tout le corps, et enflammant le cours de la vie, étant elle-même enflammée par la géhenne.

Jacques 5:14-16

14   Quelqu'un parmi vous est-il malade ? Qu'il appelle les anciens de l'Eglise, et que les anciens prient pour lui, en l'oignant d'huile au nom du Seigneur ;

15   la prière de la foi sauvera le malade, et le Seigneur le relèvera; et s'il a commis des péchés, il lui sera pardonné.

16   Confessez donc vos péchés les uns aux autres, et priez les uns pour les autres, afin que vous soyez guéris. La prière fervente du juste a une grande efficace.

1Pierre 2:24

Lui qui a porté lui-même nos péchés en son corps sur le bois, afin que morts aux péchés nous vivions pour la justice ; lui par les meurtrissures duquel vous avez été guéris.

2Pierre 1:2-4

2   que la grâce et la paix vous soient multipliées par la connaissance de Dieu et de Jésus notre Seigneur!

3   Comme sa divine puissance nous a donné tout ce qui contribue à la vie et à la piété, au moyen de la connaissance de celui qui nous a appelés par sa propre gloire et par sa vertu,

4 lesquelles nous assurent de sa part les plus grandes et les plus précieuses promesses, afin que par elles vous deveniez participants de la nature divine, en fuyant la corruption qui existe dans le monde par la convoitise,

1Jean 3:8

Celui qui pèche est du diable, car le diable pèche dès le commencement. Le Fils de Dieu a paru afin de détruire les œuvres du diable.

1Jean 3:21-22

Bien-aimés, si notre cœur ne nous condamne pas, nous avons de l'assurance devant Dieu.

Quoi que ce soit que nous demandions, nous le recevons de lui, parce que nous gardons ses commandements et que nous faisons ce qui lui est agréable.

1Jean 5:14-15

14 Nous avons auprès de lui cette assurance, que si nous demandons quelque chose selon sa volonté, il nous écoute.

15 Et si nous savons qu'il nous écoute, quelque chose que nous demandions, nous savons que nous possédons la chose que nous lui avons demandée.

3Jean 2

2 Bien-aimé, je souhaite que tu prospères à tous égards et sois en bonne santé, comme prospère l'état de ton âme.

Apocalypse 12:11

11 Ils l'ont vaincu à cause du sang de l'agneau et à cause de la parole de leur témoignage, et ils n'ont pas aimé leur vie jusqu'à craindre la mort.

Apocalypse 21:4

4 Il essuiera toute larme de leurs yeux, et la mort ne sera plus, et il n'y aura plus ni deuil, ni cri, ni douleur, car les premières choses ont disparu.

Chapitre 14
LES PROMESSES BIBLIQUES POUR LA PROSPERITE

Genèse 1 : 26-28

26 Puis Dieu dit : Faisons l'homme à notre image, selon notre ressemblance, et qu'il domine sur les poissons de la mer, sur les oiseaux du ciel, sur le bétail, sur toute la terre, et sur tous les reptiles qui rampent sur la terre.

27 Dieu créa l'homme à son image, il le créa à l'image de Dieu, il créa l'homme et la femme.

28 Dieu les bénit, et Dieu leur dit : Soyez féconds, multipliez, remplissez la terre, et l'assujettissez ; et dominez sur les poissons de la mer, sur les oiseaux du ciel, et sur tout animal qui se meut sur la terre.

Genèse 8 :22

Tant que la terre subsistera, les semailles et la moisson, le froid et la chaleur, l'été et l'hiver, le jour et la nuit ne cesseront point.

Genèse 12 : 1 - 3

1 L'Eternel dit à Abram : Va-t'en de ton pays, de ta patrie, et de la maison de ton père, dans le pays que je te montrerai.

2 Je ferai de toi une grande nation, et je te bénirai ; je rendrai ton nom grand, et tu seras une source de bénédiction.

3 Je bénirai ceux qui te béniront, et je maudirai ceux qui te maudiront ; et toutes les familles de la terre seront bénies en toi.

Genèse 24 :1

1 Abraham était vieux, avancé en âge ; et l'Eternel avait béni Abraham en toute chose.

34 Alors il dit : Je suis serviteur d'Abraham.

35 L'Eternel a comblé de bénédictions mon seigneur, qui est devenu puissant. Il lui a donné des brebis et des bœufs, de l'argent et de l'or, des serviteurs et des servantes, des chameaux et des ânes. Genèse 24 : 34 - 35

Genèse 26 :12 - 14

12 Isaac sema dans ce pays, et il recueillit cette année le centuple ; car l'Eternel le bénit.

13 Cet homme devint riche, et il alla s'enrichissant de plus en plus, jusqu'à ce qu'il devint fort riche.

14 Il avait des troupeaux de menu bétail et des troupeaux de gros bétail, et un grand nombre de serviteurs : aussi les Philistins lui portèrent envie.

Deutéronome 8 : 17 - 18

17 Garde toi de dire en ton cœur : Ma force et la puissance de ma main m'ont acquis ces richesses.

18 Souviens-toi de l'Eternel, ton Dieu, car c'est lui qui te donnera de la force pour les acquérir, afin de confirmer, comme il le fait aujourd'hui, son alliance qu'il a jurée à tes pères.

Job 22 :21 - 25

21 Attache-toi donc à Dieu, et tu auras la paix ; Tu jouiras ainsi du bonheur.

22 Reçois de sa bouche l'instruction, Et mets dans ton cœur ses paroles.

23 Tu seras rétabli, si tu reviens au Tout-Puissant, Si tu éloignes l'iniquité de ta tente.

24 Jette l'or dans la poussière, L'or d'Ophir parmi les cailloux des torrents ;

25 Et le Tout-Puissant sera ton or, Ton argent, ta richesse.

Psaume 23 :1

L'Eternel est mon berger : je ne manquerai de rien.

Psaume 35 :27

Qu'ils aient de l'allégresse et de la joie, Ceux qui prennent plaisir à mon innocence, Et que sans cesse ils disent : Exalté soit l'Eternel, Qui veut la paix (la prospérité) de son serviteur !

Ecclésiaste 5 :19

Mais, si Dieu a donné à un homme des richesses et des biens, s'il l'a rendu maître d'en manger, d'en prendre sa part, et de se réjouir au milieu de son travail, c'est là un don de Dieu.

3Jean 2

Bien-aimé, je souhaite que tu prospères à tous égards et sois en bonne santé, comme prospère l'état de ton âme.

Marc 10 :29 - 30

29 Jésus répondit : Je vous le dis en vérité, il n'est personne qui, ayant quitté, à cause de moi et à cause de la bonne nouvelle, sa maison, ou ses frères, ou ses sœurs, ou sa mère, ou son père, ou ses enfants, ou ses terres,

30 ne reçoive au centuple, présentement dans ce siècle-ci, des maisons, des frères, des sœurs, des mères, des enfants, et des terres, avec des persécutions, et, dans le siècle à venir, la vie éternelle.

PRELUDE A LA SUITE DE « PRIERES VICTORIEUSES » DU PASTEUR MICHEL DOUE.

LA PRIERE EFFECTIVE DU JUSTE

A PARAITRE PROCHAINEMENT.

Tout comme le corps sans l'esprit est mort de même l'esprit sans la prière est mort. La prière est la respiration de l'esprit et la Parole de Dieu sa nourriture.

La prière est le seul mode de communication avec Dieu et nul ne peut atteindre le trône de Dieu sans prier. Comprendre l'art de la prière est le cri du cœur de tout enfant de Dieu, même les disciples du Seigneur Jésus lui ont demandé de leurs apprendre à prier. L'épitre de Jaques au chapitre 4 dit : «vous demandez et vous ne recevez pas parce que vous demandez mal» comment donc prier et être sûre d'être exaucé ?

Nombreux sont les chrétiens dont la compréhension de la prière a été totalement déviée de la vérité par la religion et les mauvais enseignements sur le sujet.

La prière est un honneur et un privilège de pouvoir communiquer sans intermédiaire avec le Dieu de l'univers et avoir des réponses qui peuvent changer nos vies pour le meilleur en nous apportant la vie abondante, la victoire, la guérison, la délivrance, la prospérité et bien d'autres bénédictions.

Mais la question reste toujours posée.

Comment prier efficacement ?

Comment être sûre que ma prière est correcte et remplie les conditions exigées par Dieu dans sa Parole pour être exaucé ?

Comment prier de façon effective pour avoir tous mes besoins pourvus ?

Toutes ces réponses vous seront données dans mon prochain livre intitulé,

LA PRIERE EFFECTIVE DU JUSTE !!!

NE LE MANQUEZ SURTOUT PAS !!!

Printed in the United Kingdom
© The Iries Publishing, 2016
© Michel Doué, 2016
ISBN - 10: 0957531656
ISBN - 13: 978-0957531659

www.ingramcontent.com/pod-product-compliance
Lightning Source LLC
Chambersburg PA
CBHW071703040426
42446CB00011B/1897